LA X
MÁGICA
DE MÉXICO

para Rebeca, Uriel y Nicole
compañeros en los caminos
que tienen corazón

para mis alumnos
con cariño y gratitud

LIBROS
DEL
RINCON
sep

TALLERES DE CREACIÓN LITERARIA

LA X
MÁGICA
DE MÉXICO

JORGE ELÍAS LUJÁN

Altea

LA X MÁGICA DE MÉXICO/TALLERES DE CREACIÓN LITERARIA
D.R. © Jorge Elías Luján, 1998.

D.R. © FOTOGRAFÍAS: Museo Nacional de Antropología.

D.R. © Aguilar, Altea, Taurus, Alfaguara, S.A. de C.V., 1999
   Av. Universidad, 767
   Colonia del Valle
   03100 México, D.F.
   www.alfaguara.com.mx

D.R. © Unidad de Publicaciones Educativas-SEP, 1999
   Isabel la Católica, 1106
   Colonia Américas Unidas
   03610 México, D.F.

Primera edición en Altea: noviembre de 1999

Primera edición en Libros del Rincón: noviembre de 1999

Coedición: Unidad de Publicaciones Educativas-SEP/
Aguilar, Altea, Taurus, Alfaguara S.A. de C.V.

ISBN: 968-19-0646-2

TÍTULO: Paráfrasis de un texto de Alejandro
Aispuro Martínez, ver página 23.

NOTA: El *nosotros* desde el cual he redactado este libro es una afirmación del carácter colectivo de esta experiencia —impensable sin el concurso de los miembros del taller— y, al mismo tiempo, un pequeño homenaje a los poetas y maestros con los que a lo largo de los años he compartido el gozo por la palabra en aulas y museos de México y los Estados Unidos.

DISEÑO Y DIAGRAMACIÓN: Fernando Rodríguez y Yadhira Corichi

Impreso y hecho en México

*Ver es un acto que postula la identidad última
entre aquel que mira y aquello que mira.*

OCTAVIO PAZ

*El ojo [...] se ve confrontado a la imagen
como si se tratara de una adivinanza.*

ERNST JÜNGER

*Lo que habría tenido que encontrar en el cuadro
mismo no lo encontré más que entre el cuadro y yo.*

HENRICH VON KLEIST

RECONOCIMIENTOS ◆ Quiero manifestar mi aprecio por el generoso apoyo que las autoridades del Museo Nacional de Antropología de México brindaron a este proyecto: la doctora Mercedes de la Garza (directora), la doctora Maricarmen Serra Puche (ex directora), la profesora María Engracia Vallejo, la profesora María del Carmen Cantón, la licenciada Magdalena Martín del Campo y la licenciada Julia Rojas (sucesivas jefas del Departamento de Servicios Educativos). Su cálido y estimulante respaldo hizo posible esta experiencia en un espacio de excepción dentro de la geografía mexicana. ◆ Un reconocimiento muy especial a la contribución de los asistentes educativos del Museo, en particular a María de Lourdes Luna, María Guadalupe Íñiguez, Eulalia Murgía, Diana Altamirano, Luis Fernández, María Eugenia Mercado y Margarito Aguilar, como, asimismo, al registro fotográfico, animoso y solidario, de Gonzalo Gómez Cercado y Patricia Castelán Vargas, y a la simpatía y la disposición de Rosita Estrada y Efraín Salas. ◆ Seguidamente quiero dar gracias a Eduardo Casar, Horacio López Suárez, María Andueza y Lourdes Penella Jean por sus apreciables comentarios para la mejor realización de este trabajo. ◆ Por último, pero de un modo central, quisiera destacar la perseverancia, la alegría y la voluntad creadora del grupo de niños que conformaron el taller y la confianza de sus padres que me permitieron acompañarlos en esta senda de invención y entendimiento. ◆

PRESENTACIÓN

Los museos son islas del tesoro contemporáneas. Abordarlos y establecer con ellos una relación activa puede constituir una experiencia secreta y reveladora. Las imágenes y contenidos que pueblan los museos liberan señales capaces de provocarnos inspiraciones súbitas, vigorosas respuestas emotivas o un profundo deseo de conocimiento. Estas resonancias interiores nos ofrecen un valioso punto de partida para la expresión poética personal. La atmósfera callada y el entorno poco común también contribuyen a estimular una vivencia íntima y conforman un ambiente propicio para la escritura.

Muchos museos son, por otra parte, espacios conquistados por la tolerancia y la aceptación. Lugares donde la diversidad vive cómoda, donde las características de seres o grupos humanos pueden expresarse por encima de prejuicios, discriminación o intransigencias.

Los museos resguardan la memoria, otorgan voz a lo silencioso y hacen visible el cariz de los tiempos por venir. En esta época de migraciones, de refugiados, de confrontación constante con lo otro, los museos constituyen un foro indispensable para que las culturas más diversas dialoguen y coexistan como segmentos de un todo.

Asimismo, de un modo imprevisto y paulatino, al acercarnos a otras culturas no sólo nos conmovemos ante lo inusitado, sino que aprendemos a vernos como partes de él, descubrimos que lo distinto también habita en nosotros.

INTRODUCCIÓN

1 ◆ Este texto es una invitación a *escribir a partir de imágenes*, una propuesta de recorrer caminos capaces de conducirnos de la imagen a la palabra a través de una aventura estética y de conocimiento.

Como correlato práctico, se presentarán poemas de un taller infantil de creación literaria que se llevó a cabo en el Museo Nacional de Antropología de México con un grupo de niños de primaria. Una vez por semana, a lo largo de dos años, fuimos visitando las salas del Museo y escogimos distintas piezas mesoamericanas como motivación para la escritura. Ante cada obra optamos por un acercamiento, entre varios posibles, ya que cabe imaginar muchas maneras de escribir a partir de una obra plástica, muchos senderos válidos. Ir explorando estos senderos permitió que el taller le apostara a la sorpresa, a la vitalidad y al desarrollo de la capacidad crítica e imaginativa.[1]

En la primera parte de este libro presentamos una selección de los ejercicios literarios —incluyendo fotografías de las obras en las cuales se basaron— y algunos de los poemas o cuentos resultantes.[2] Los ejercicios se han agrupado por salas (con unas páginas introductorias a cada cultura) siguiendo el itinerario habitual de los visitantes del Museo. Como complemento informativo se añade una cédula con datos técnicos e históricos de cada obra.

---

[1] Se trata de un proyecto que encuentra un ámbito natural en los museos, pero que también es posible aplicar en los salones de clase, ya sea mediante carteles, proyección de diapositivas, videos, o por medio de Internet, o bien utilizando una pared del aula o un hall de la escuela como breve espacio museográfico donde se realicen exposiciones de objetos que interesen a los estudiantes: fotografías, juguetes, piedras semipreciosas, cosas encontradas en la calle, piezas de computación o electrónica, mapas antiguos, etcétera.

[2] Creemos importante mencionar que los 32 textos recogidos en la antología fueron seleccionados entre un total de 879.

En la segunda parte ofrecemos una clasificación tentativa de los distintos acercamientos que fuimos utilizando, y en el apéndice realizamos un recuento de algunas figuras y tipos de composiciones poéticas empleados en los ejercicios.

2 ◆ OBJETIVOS Y ESTRATEGIAS. Nos proponemos visitar los museos para abrir sus imágenes como si fueran libros y para transmutar en palabras las vivencias que aquéllas nos suscitan; buscamos despertar respuestas personales ante el encuentro con las obras, descubrir inesperadas cualidades expresivas, establecer correspondencias insólitas y reveladoras, convocar valiosos mundos interiores.

Entre los muchos caminos capaces de conducirnos de la imagen a la palabra escogemos a veces el de los componentes de la expresión plástica. La línea, el color o la materia —considerados como parte de una unidad mayor que incluye el campo de los significados— pueden convertirse en eficaces detonantes verbales. En otras ocasiones, sobre todo cuando las piezas que nos sirven de motivación para la escritura son de carácter figurativo, solemos apoyarnos en algunos aspectos narrativos como los personajes o los hechos en ellas representados.

Es necesario señalar, por otra parte, que, en nuestro caso, no todas las sesiones del taller se realizaron visitando las exposiciones del Museo. Muchas tardes permanecimos en un aula del Departamento de Servicios Educativos y nos dedicamos a experimentar con algunas figuras y tipos de composiciones poéticas que luego se emplearían en los cuentos y poemas escritos en las salas de exhibición.

Intercalados con estas dos clases de ejercicios —los que realizamos en las salas a partir de una obra determinada y aquéllos dedicados a explorar figuras y estructuras literarias—, propusimos algunas experiencias espontáneas y difíciles de clasificar. Por ejemplo, al estar trabajando con esculturas que representaban animales, llevamos una mascota y sugerimos que le dedicaran un texto; o al compartir poemas prehispánicos, tomamos una guitarra e intentamos musicalizarlos; o bien invitamos a un poeta para que nos leyera sus versos, o a una bailarina para que nos ayudara a convertir palabras en coreografías, o dedicamos una sesión entera a la pintura, o a dibujar poemas como si fueran cuadros, o a caminar por un bosque leyendo en voz alta, o a recortar y modificar noticias del periódico. Aunque estas vivencias tuvieron como objetivo inicial rehuir lo previsible y mantener el entusiasmo, en muchas oportunidades provocaron escritos de gran profundidad de pensamiento e intensidad emotiva. Así, a lo largo del taller, volvimos una y otra vez a una respiración libre, a la experiencia fuera de programa, aparentemente sin dividendos mayores que la experiencia misma. Paso a paso fuimos descubriendo que esta combinación de un procedimiento estructurado y reflexivo con prácticas de escritura más próximas al juego alienta la expansión de la sensibilidad y contribuye a que se manifiesten de manera plena las aptitudes críticas y creadoras.

3 ◆ LAS LECTURAS. Esta actividad, usualmente previa a la escritura, constituyó un hacer complementario pero de gran trascendencia por sus efectos afortunados e impredecibles sobre los textos de los participantes. En casi todas las sesiones leímos poemas o cuentos breves de autores latinoamericanos, europeos, estadounidenses, prehispánicos, orientales.[3] Unas veces los escuchaban en silencio, otras los repetían colectivamente. En ciertas circunstancias les proponíamos realizar una ronda y recitar los versos al compás de sus pasos, u organizábamos representaciones que les permitieran entrar y salir de las imágenes hasta volverse parte de ellas.

[3] Ver Lista de lecturas empleadas en el taller, página 124.

4 ◆ ACTIVIDADES PREPARATORIAS. La actitud de apertura hacia el universo de la palabra se inicia mucho antes del momento en que apoyamos el lápiz sobre la hoja; se empieza a gestar desde que llegamos al taller, nos saludamos y compartimos nuestras andanzas semanales, y se intensifica cuando realizamos la primera práctica, que habitualmente es una lectura vinculada de modo no siempre directo con lo que a continuación se trabaja.

Así se conforma una atmósfera favorable para el desarrollo de la fuerza inventiva, un clima que incita a que se revelen el talento de la intuición, el razonamiento penetrante y la magia de las asociaciones.

a) La observación. Después de la lectura, nos dirigimos a una sala del Museo, nos aproximamos a la pieza escogida y la examinamos con detenimiento disfrutando de las resonancias que ella origina en nosotros; en esos instantes de contemplación comienzan a surgir los impulsos poéticos que luego se materializarán en textos. Para evitar que la observación se torne rutinaria, a menudo introducimos alguna consigna lúdica: acercarnos a la figura con los ojos entrecerrados, verla a través de un espejo, mirarla sólo un momento y luego tratar de recordarla. Es decir, observamos de cara al asombro, transponiendo el umbral de las apariencias para entrar en el universo secreto de la obra y expandirnos en él.

b) La investigación. En la búsqueda de un equilibrio entre la experiencia vivencial y la reflexiva, es frecuente que después de observar el cuadro o la escultura conversemos con una asesora educativa, consultemos un libro o leamos la cédula y los resúmenes contextuales escritos en las paredes de las salas.

Este seguimiento de la obra no busca insertarla en un marco de certidumbre, sino aproximarnos también a lo que de ella se ignora. En el caso de las esculturas del México antiguo, esa zona de extrañeza es muy vasta y constituye una tentación poderosa para el pensamiento poético.

c) El dibujo. Finalizando con las actividades preparatorias, por lo regular antes de escribir, dibujamos la pieza. Dibujar implica observar, pero lo que guía la mano no sólo es el ojo, sino el presentimiento, el deseo de descubrir. Al dibujar una figura la captamos sensorialmente e imaginamos su alma, penetramos en ella y continuamos su historia, su estar en el mundo. En el dibujo destacamos sus rasgos más significativos, alguna anomalía, un detalle singular y bello; recreando sus líneas y volúmenes con el lápiz, sentimos su peso, entramos a su área de energía y la despertamos para nuevos menesteres.

Dibujamos por el gozo mismo de dibujar, para agudizar nuestra percepción o para comenzar la aventura de escribir por otros medios.

5 ◆ LAS PREMISAS. Con respecto a las premisas o consignas que formulamos antes de cada ejercicio, tratamos de escoger palabras claras, poseedoras de cierta neutralidad, de tal modo que salgan al encuentro de la necesidad expresiva de los integrantes del taller sin llamar demasiado la atención sobre sí mismas. Por otro lado, si se trata de varias consignas, hacemos pequeñas pausas entre frase y frase para permitir la aparición de breves reflejos interiores, atisbos de ideas o emociones, que de otra manera serían difícilmente perceptibles y que, en esos remansos de silencio, comienzan a emerger a la superficie de la conciencia.

6 ◆ LA ESCRITURA constituye la actividad de mayor participación y a la vez de máximo recogimiento, en la que cada individuo emprende un diálogo con la obra y se aboca a la tarea de seleccionar y combinar palabras inserto en un doble desplazamiento: uno que parte de la pieza hacia él y otro que avanza de él hacia la pieza, o sea de una sensibilidad específica que ofrece ecos personales a las múltiples señales que emiten el cuadro o la escultura.[4] De ese modo van brotando voces que dan cuenta de esa intensificación de la experiencia del mundo real que constituye el contacto con una obra de arte.

7 ◆ LA CREACIÓN COLECTIVA ha sido una opción metodológica que hemos empleado con asiduidad ya que, además de promover la socialización, permite un enriquecimiento recíproco altamente apreciable. Ensayamos algunos ejercicios de escritura en los cuales se intercambian cuadernos para continuar textos iniciados por los demás, y otros de creación colectiva oral, en los que se responde a una serie de interrogantes y se toma nota de los aportes que aprueba la mayoría. Cuando estas preguntas son formuladas por el coordinador, nos proponemos que surjan de la naturaleza misma de la obra y que sean pertinentes y generales, por ejemplo que comiencen con un pronombre relativo o con un adverbio: ¿Cuál…? ¿Quién…? ¿Cuándo…? Tratamos de prevenir así un condicionamiento de las respuestas de los miembros del taller, o la imposición de una determinada postura filosófica o estética sobre el grupo. Creemos que este tipo de preguntas es apropiado para impulsar la aparición de lo diverso y el desarrollo de una sensibilidad propia en cada uno de los participantes.

8 ◆ ¿POESÍA O PROSA? La inclinación de los miembros de este taller, más hacia la poesía que a la prosa, seguramente fue producto de las lecturas que incluyeron versos de numerosos poetas —entre ellos muchos prehispánicos—, pero quizá también estuvo relacionada con la naturaleza misma de la poesía, la cual nos permite un mayor acercamiento a ese halo enigmático, al mismo tiempo amenazador y deslumbrante, que rodea a tantas obras mesoamericanas. Un halo surgido de una inventiva que va más allá de la des-

[4] Aunque esta práctica particular se realizó en un museo de antropología, es posible trabajar de modo semejante en museos de arte moderno, de ciencias, de historia, de artesanías y, asimismo, en cualquier ámbito que nos motive visualmente, incluidos los paisajes naturales y arquitectónicos.

cripción de lo real y se vale del símbolo para transmitir significados mitológicos.

9 ◆ EVALUACIÓN DE LOS TEXTOS INFANTILES.[5] Coordinar talleres de creación literaria nos suele situar frente a horizontes inexplorados, más aún cuando se trata de talleres infantiles. A menudo la producción de los niños alcanza niveles sobresalientes y se adentra en espacios de gran libertad, muy distantes de aquellas composiciones escolares que reproducen las ideas, el tono y el estilo de los adultos y que, por lo general, en vez de causar preocupación por la falta de autonomía que revelan, son recibidas con beneplácito por todos.

Algunas de las características que es posible encontrar en los textos infantiles son la naturalidad, la inmediatez, las conexiones no habituales entre concepto e imagen, el extrañamiento de palabras, las transgresiones a la sintaxis, la capacidad de asombro, la conquista de sentidos impensados, un profundo vitalismo, los efectos relampagueantes y la ausencia de afectación formal.

Muchos son los parangones que se han establecido entre el niño y el poeta. Marina Tsvetáieva señala que "los compararía por su irresponsabilidad. Irresponsabilidad en todo menos en el juego".[6] Quizá sea útil añadir que valorar el imaginario lúdico de los niños no implica considerarlos poetas en el sentido profesional del término, ya que la poesía, lo mismo que las demás artes, exige un trabajo sistemático que incluye el máximo conocimiento y un compromiso total con las complejas posibilidades de la palabra. Sin embargo, cómo no llamarlos poetas (o sea creadores, constructores, hacedores) cuando continuamente renuevan los parámetros de la vida y cuando sus conquistas verbales nos recuerdan que el

[5] Para un análisis exhaustivo sobre el tema —y que no necesariamente coincide con lo que aquí expresamos— se puede consultar COLLOM, Jack, *Moving Windows (Evaluating the Poetry Children Write)* Teachers & Writers Collaborative, Nueva York, 1985.
[6] TSVETÁIEVA, Marina, *El poeta y el tiempo*, Barcelona, Ed. Anagrama, 1990, pág. 119.

maestro también es aprendiz, y el aprendiz, maestro; cuando nos invitan, en suma, a ingresar en aquellas zonas de prodigio que la infancia inaugura para el hombre.

Descubrir este potencial innovador de los niños y su refrescante capacidad de trascender las consignas que se les proponen, nos decidió a evitar lo más posible la corrección o valoración crítica meticulosa —imprescindible por otra parte en los talleres para adultos—, ya que conlleva el riesgo de normalizar el vuelo infantil o de tocar delicadas fibras emocionales provocando más daño que beneficio. En contrapartida, consideramos necesario seleccionar minuciosamente las lecturas para que puedan desarrollarse con plenitud los hallazgos que van surgiendo en la producción del taller.

10 ◆ RECONSTRUCCIÓN DE UNA GÉNESIS. Un antiguo pensamiento chino señala que otorgar forma fija a la experiencia es de alguna manera destruirla.[7] En las páginas siguientes hemos tratado de recuperar y dar un ordenamiento a las vicisitudes del taller, a sabiendas de que las palabras y los modelos *a posteriori* no pueden sustituir la captación existencial de la realidad.

Conscientes de estas limitaciones y del difícil esfuerzo de clarificación que implica reconstruir una génesis, lo que nos anima a escribir estos apuntes es el deseo de compartir una práctica transformadora de la cual nos queda el testimonio de los escritos infantiles.

Por último, quisiéramos añadir que a lo largo de esta experiencia tratamos de no olvidar que escribir es un camino misterioso y que, como sucede con todos los caminos verdaderos, muchas veces para encontrarlo es necesario en cierto modo extraviarnos.[8] Extraviarnos para ser; para aprender; para aprender a ser.

7 LAO TSE, *Tao Te King*, México, PREMIÀ editora, col. La Nave de los Locos núm.1, 1982, p. 79.
8 DE LA CRUZ, San Juan, *Obras Completas*, "Noche oscura", Madrid, BAC, 1982, p. 395.

I

ANTOLOGÍA DE TEXTOS Y EJERCICIOS

TALLER INFANTIL DE CREACIÓN LITERARIA DEL MUSEO NACIONAL DE ANTROPOLOGÍA DE MÉXICO

HORIZONTE PRECLÁSICO
DEL ALTIPLANO

Mesoamérica se configura alrededor de elementos culturales comunes a los pueblos que se establecieron en gran parte de lo que hoy constituye el territorio mexicano, en Guatemala, Belice y en zonas de Honduras y Costa Rica.

Entre estos aspectos se encontraban la utilización de la coa o bastón plantador, una economía fundada en el maíz, la cosecha del maguey y la chía, la construcción de centros ceremoniales con pirámides, el empleo del estuco, el culto a los muertos, el juego ritual de pelota.

Mesoamérica ha sido dividida en cinco subáreas culturales en correspondencia con las marcadas características que las definen: Altiplano Central, Región de Oaxaca, Golfo de México, Zona Maya y Occidente.

La cultura mesoamericana abarca aproximadamente desde 2400 a.C. hasta 1521 d.C. La primera etapa, denominada Horizonte Preclásico Formativo, se extiende desde 1800 a.C. hasta principios de nuestra era, y se caracteriza por la aparición de pueblos que vivían de la agricultura del maíz y fabricaban piezas de cerámica y figurillas de barro. Los motivos de su cerámica, de fina sensibilidad y buena factura técnica, comienzan por ser reproducciones fieles de la realidad y, de modo paulatino, van incorporando formas simbólicas producto de una naciente y compleja concepción espiritual.

EL ACRÓBATA

Procedencia: Tlatilco, Estado de México. Horizonte Preclásico Medio (1300-00 a.C.). Cerámica. Dimensiones: 25 x 16 cm. Esta pieza representa a un contorsionista y en sus rasgos faciales puede advertirse cierta influencia olmeca.

PREPARACIÓN ◆ Antes de ingresar a la sala del Museo, conversamos sobre las características de las esculturas preclásicas del Altiplano Central. Hablamos también sobre la noción de símbolo; sobre objetos o signos poseedores de una carga semántica tan intensa que pueden llegar a ser relevos de algo mayor que ellos mismos, de algo que los trasciende.

Luego visitamos la exhibición y nos detenemos frente al acróbata, un ejemplo de la alta capacidad técnica y artística con que los pueblos mesoamericanos se describían en sus figuras de cerámica. Ubicándonos desde distintos ángulos, dibujamos la escultura de barro y, al terminar, llevamos a cabo una breve exposición comentando los distintos acercamientos.

EJERCICIO ◆ Descubrir un sentido oculto del personaje o atribuirle alguno. ¿Qué significado puede tener la posición en la que se encuentra? ¿A qué se asemeja? ¿Podría estar representando otra cosa? ¿Se tratará de algo placentero o doloroso? Escribimos sobre esta pieza de cerámica de modo directo, intuitivo y experimental, apoyándonos más en nuestras capacidades perceptivas que en la razón y el conocimiento. Vamos al encuentro del espíritu intangible de la obra.

EL ACRÓBATA

(Alejandro, 8 años)

Yo soy la X mágica del mundo.

MÁSCARA DE LA VIDA Y DE LA MUERTE

Procedencia: Tlatilco, Estado de México. Cerámica. Medidas: 8.5 x 7.3 cm. Pequeña máscara de un rostro humano que figura la dualidad vida-muerte. Una mitad del rostro está descarnada, mientras que la otra tiene piel y saca la lengua. Constituye una clara expresión de las creencias mágico-religiosas pertenecientes al Horizonte Preclásico Medio.

PREPARACIÓN ◆ Observamos la pieza y surgen comentarios que van del asombro al desconcierto, de la aceptación al rechazo. Compartimos un texto de Paul Westheim en el que se subraya la necesidad de acercarse a la plástica del México antiguo tomando en cuenta sus fundamentos míticos y sus propósitos expresivos, ya que de lo contrario no es posible comprender que ese arte "emplea todas sus energías creadoras para desmaterializar lo corpóreo, para espiritualizar lo material".[1]

Seguidamente, realizamos una breve investigación sobre el concepto de complementariedad de los opuestos, esencial a los pueblos prehispánicos: en este caso la alternancia de la vida y la muerte, equiparable a la sucesión de la sequía y el renacer de la época de lluvias.

EJERCICIO ◆ "El arte no reproduce lo visible, hace visible."[2] ¿Qué es lo que esta máscara hace visible para nosotros? ¿Qué inaugura ante nuestros ojos? Reconocemos sus facciones, analizamos su rostro dividido —el ojo que nos mira, la cuenca vacía— y dejamos que emerja el sentido latente de esos polos integrados. Escribimos un aforismo, o composición poética breve, tratando de unir las respuestas personales con la reflexión de validez universal.

[1] WESTHEIM, Paul, *Escultura y cerámica del México antiguo*, México, Ediciones Era, 1991, pág. 30
[2] KLEE, Paul, *Teoría del arte moderno*, "Credo del creador", Buenos Aires, Ed. Caldén, 1971, pág. 47.

(Luis, 10 años)

La luz de la vida
se junta con las tinieblas.

Ese misterio no se resolverá.

TEOTIHUACAN

El Horizonte Clásico comprende aproximadamente desde el año 0 hasta el 900 d.C. En él surgen la teocracia, la arquitectura monumental, las sociedades estratificadas y el comercio. Las culturas clásicas también alcanzaron elevados conocimientos en áreas como las matemáticas, la astronomía y la escritura.

Teotihuacan, el centro ceremonial y comercial de mayor relevancia del Horizonte Clásico, se desarrolló entre los años 100 y 700 d.C. Se trata de la urbe más grande del México antiguo que llegó a tener alrededor de 200 mil habitantes en su época de auge. Tuvo un estado teocrático, una economía basada en la agricultura y una religión politeísta. Tlaloc, su dios principal, estaba vinculado con el agua, vital para los cultivos, mientras que Quetzalcóatl, representado por serpientes con el cuerpo emplumado, reunía cualidades de ave y reptil, de cielo y tierra. En esa época ocurren profundos cambios en la conciencia del hombre del Altiplano, sobre todo en su actitud religiosa que gradualmente abandona lo secular y aspira a lo sublime. Nuevas formas artísticas dan cuenta de este proceso configurando un estilo austero, plano, de gran fineza y al mismo tiempo imponente.

La influencia de Teotihuacan es notoria en casi todas las culturas posteriores de Mesoamérica, de modo especial en la zona maya, Oaxaca y Veracruz.

¿Por qué desapareció la civilización teotihuacana?, ¿quiénes fueron sus pobladores?, son preguntas a las que se ha respondido con varias hipótesis pero que siguen constituyendo un enigma.

MASCARITA

En diferentes etapas de la cultura teotihuacana se crearon pequeñas piezas de arcilla, como esta miniatura en estilo naturalista, en las que se puede detectar el tipo físico, la vestimenta, las modificaciones provocadas en el cráneo, el ornato, etcétera.

PREPARACIÓN ◆ Observamos la figurilla destacando aquello que alcanza relevancia ante nuestros ojos, en particular las formas onduladas que imitan su cabello, su tocado, o quizá son la expresión externa de una deformación craneana en forma de corazón.

Investigamos sobre las características generales de la cultura de Teotihuacan y las interrogantes que la envuelven. Indagamos también sobre los empeños del arte teotihuacano: la supresión o eliminación de rasgos, el tratamiento sintético de las formas, el estilo vigoroso y definido, las pocas referencias al mundo concreto, la sutil presencia de lo inmaterial.

EJERCICIO ◆ Nos proponemos acercarnos a las posibles acepciones de la mascarita, entrever su historia. ¿Qué encierra la misteriosa geometría de su forma? ¿Qué sentido tendrán la fisonomía introspectiva y el atuendo del personaje? ¿Se habrá preparado acaso para un acontecimiento especial?

La cultura de los antiguos canta a través de esta pequeña pieza de barro. Nos disponemos a un contacto individual con la miniatura dando cabida a la afectividad y a la intuición. Permitimos que la alegría de escribir entre en nosotros.

MASCARITA

(Carla y Alejandro)

Cabeza de piedra,
cabeza de corazón,
cuando bodas se festejan
el corazón llega a la cabeza.

AVE CON INCRUSTACIONES

Proviene de la zona arqueológica de Teotihuacan. Horizonte Clásico. Dimensiones: 24 x 23.5 cm. La incrustación de elementos acuáticos en piezas de cerámica como ésta —conocida como "La gallina loca"— prueba la existencia de un contacto constante entre la cultura teotihuacana y las regiones de la costa.

PREPARACIÓN ◆ Examinamos el ave y los elementos inesperados que la constituyen: sus componentes materiales, sus líneas, sus colores. Reconocemos que ni los tonos ni las formas pretenden reproducir aquellos de la naturaleza; se ubican más bien en un espacio inexistente, sin referencias reales, vinculado a esa espiritualidad con un grado de abstracción que distingue a la cultura teotihuacana.

Dibujamos la pieza como si estuviéramos recorriéndola con nuestros dedos, como si pudiéramos palpar sus salientes y concavidades, como si nos fuera dado acariciarla.

EJERCICIO ◆ Cerramos los ojos. Vemos que la imagen permanece unos instantes frente a nosotros y se vuelve el personaje central de la escena de nuestra mente.

Escribimos un poema dándole voz al ave: ¿cómo es mi cuerpo?, ¿qué representan los elementos que me adornan?, ¿a qué se parecen?

Ingresamos al área de connotaciones de la pieza por el camino de la metáfora, avivando nuestros sentidos y nuestra capacidad de crear asociaciones personales.

AVE MARÍTIMA

(Luis, 10 años)

Mi copetito es el fuego.
Mis ojos el viento.
Mi cuerpo la tierra.
Mis caracoles el mar.

MÁSCARA CON TURQUESAS

Máscara mortuoria de la sociedad teotihuacana encontrada en Malinaltepec, Guerrero. Horizonte Clásico. Piedra recubierta de mosaicos a base de turquesa, coral y jade. Medidas: 21.7 x 21 cm. Probablemente una representación mágica del extinto o un rostro idealizado para viajar al otro mundo.

PREPARACIÓN ◆ Contemplamos la pieza, la expresión neutra de su rostro y el diseño de sus escarificaciones o cicatrices producidas por infecciones intencionales en la piel. Vemos cómo los rasgos han sido reducidos a un esquema geométrico y homogéneo, típico del estilo de Teotihuacan. Apreciamos el deseo de invención, de distanciamiento y de proyección inefable. ¡Qué lejos estamos de las formas realistas de Tlatilco! Un sentir profundamente espiritual nutre aquí la vida y el arte.

Leemos un cantar atribuido a los teotihuacanos y que da cuenta de sus creencias: ...*cuando morimos, no en verdad morimos, porque seguimos viviendo, despertamos, eso nos hace felices.*[3]

EJERCICIO ◆ Personificar la máscara e imaginar su existencia. Escribir un poema como quien escribe una canción. Avanzar impulsados por un ritmo que se crea repitiendo las palabras iniciales de los versos.

Nos sumergimos en esa cultura recóndita y nos identificamos con la profunda quietud de la máscara hasta escuchar un murmullo, un monólogo, hasta fundirnos en ella: ¿Quién soy? ¿Qué me ocurre día tras día?

---

[3] LEÓN-PORTILLA, Miguel, *Literaturas indígenas de México*, México, Ed. MAPFRE-FCE, 1980, pág. 80.

MÁSCARA CON TURQUESAS

(Pedro, 7 años)

Yo soy una máscara
que cuando llueve
me desarmo,
pero cuando sale el sol
me desarmo más,
pero cuando sale la noche
me desarmo más,
pero cuando escucho un venado
me armo,
pero cuando escucho al aire
me armo más,
pero cuando se muere un árbol
vuelvo a la normalidad.

MASCARÓN

En esta pieza encontrada en la base de la Pirámide del Sol podemos valorar el peso que el concepto de la muerte tenía en la sociedad teotihuacana. El mascarón representa al sol descarnado en su camino a iluminar el orbe de los muertos. Época: 500 d.C.

PREPARACIÓN ◆ La escultura se halla ubicada en un rincón oscuro de la sala, como si se hubiera querido acentuar su pertenencia a otro mundo. Nos aproximamos a ella y paulatinamente descubrimos una obra que no pretende ser agradable ni complaciente ya que ha sido realizada en la más profunda compenetración con sus postulados religiosos, con su destino ritual y sagrado. La expresión del espíritu teotihuacano aparece de modo cristalino en esta pieza poseedora de una estructura rigurosa —rasgos esquematizados, aristas precisas, ángulos contundentes, sucesión rítmica y escalonada— que alcanza un grado de abstracción fantástica y sitúa al hombre en un espacio cósmico e intemporal.

Dibujamos el mascarón. Para recrear el asombro. Para fijar el impacto.

EJERCICIO ◆ Crear un poema narrativo motivado por esta imagen, buscando adentrarnos en sus significados, en su razón de ser, en la función a la que fue destinada en sus días.

A medida que escriben, vamos dando las consignas: *a)* Presentar un personaje. *b)* Imaginar una acción o conflicto que lo ponga a prueba. *c)* Finalizar con una revelación.

MASCARÓN

(Carla, 7 años)

Iba la calavera con tristeza,
iba pensando que se iba a quedar chimuela
y de pronto vio unos escalones
que iban al centro de la muerte
y vio la puerta
que era igualita que ella.

XOCHICALCO Y TULA

Alrededor del año 900 d.C. decaen las grandes civilizaciones del Clásico y comienza en Mesoamérica el Horizonte Posclásico, que abarcará hasta la Conquista Española. Este periodo es militarista y se caracteriza por las ciudades fortificadas, la conquista de territorios, el pago de tributos y el uso del metal. Ha sido dividido en dos etapas: Temprano (850-1250 d.C.) y Tardío (1250-1521 d.C.). A la primera corresponden la cultura de Tula, la de los Volcanes y la de Teotenango. A la segunda, la Mexica y la de Tenayuca. También ha sido distinguida una etapa previa llamada Epiclásica (650-850 d.C.) en la que se destacan las culturas de Cacaxtla, Xochitécatl y Xochicalco.

La ciudad de Xochicalco, de gran influencia teotihuacana, fue construida sobre un cerro del actual estado de Morelos. Se considera que constituyó un centro de comercio y en ella se han hallado varias edificaciones dedicadas al juego de pelota que están entre las más antiguas del México prehispánico.

Hacia el norte, en el actual estado de Hidalgo, se edificó Tula. Esta ciudad fue fundada por los toltecas, un grupo de cazadores-recolectores originarios del noroeste y que pertenecía a la familia lingüística náhuatl. En menos de tres siglos se convirtieron en un pueblo civilizado introduciendo la escritura y el trabajo de los metales que llegó de Sudamérica a través del occidente mesoamericano. Los toltecas fundaron el primer estado político-militar de la época precortesiana y adoraron al dios benévolo Quetzalcóatl y a Tezcatlipoca, a quien ofrendaban sacrificios humanos.

CABEZA DE GUACAMAYA

Procede de Xochicalco, Morelos. Horizonte Clásico Tardío o Epiclásico. Piedra. 56.5 x 38 cm. Excepcional escultura que tal vez fue utilizada como marcador del juego ritual de pelota.

PREPARACIÓN ◆ Caminamos alrededor de la obra atentos al asomar de sus valores simbólicos. Recorremos su perfil y los espacios vacíos tan poco frecuentes en la plástica mesoamericana. Descubrimos la maestría con que se ha estilizado la cabeza del ave en la que, reafirmando la visión de esencialidad propia de las culturas del Altiplano, se ha omitido todo detalle ornamental. Miramos a través de sus ojos huecos, de los orificios de su nariz, de su pico entreabierto, pensando en el tiempo que ha pasado por ellos. Indagamos acerca de las posibles funciones de la pieza y recabamos datos sobre la cultura de Xochicalco, a la que pertenece. Integramos la experiencia de la observación con lo investigado y permitimos que la intuición nos conduzca, primero al dibujo, luego a la escritura.

EJERCICIO ◆ Formulamos algunas preguntas siempre abiertos a que del propio grupo surja un detonante verbal. ¿Qué les llama la atención de esta cabeza? ¿Qué sensación les provoca? De admiración, contesta alguien, y esa respuesta contiene ya una pauta para el trabajo: ¿Qué les parece si le hacemos un pedido? ¿Si le rogamos que nos conceda un deseo? Ante la aceptación de los participantes, proponemos escribir una invocación, una especie de conjuro en nombre de una necesidad vital.

GUACAMAYA

(Carla, 7 años)

Ave que pasa por flores y quetzales,
ave que pasa por balcones y desiertos,
ave que pasa por bosques y baldíos,

¡tráeme flores y quetzales,
balcones y desiertos,
bosques y baldíos!

ATLANTE

Una de las columnas del templo de Tlahuizcalpantecutli, Tula, Hidalgo. Horizonte Posclásico Temprano. Piedra. Altura: 4.60 metros. Representa a un guerrero con pectoral en forma de mariposa y sandalias decoradas con serpientes emplumadas.

PREPARACIÓN ◆ Observamos el atlante, primero a la distancia, como si nos causara temor, o como si lo estuviéramos siguiendo de modo subrepticio, y luego desde muy cerca, concientizando la desigual relación que su altura nos impone y que trasluce el diminuto lugar del hombre frente a las fuerzas cósmicas. Por otra parte, el concepto museográfico de situar al guerrero en el centro de la sala enfatiza su escala monumental y otorga mayor realce a su geometrismo; los grandes cilindros de piedra que lo conforman corresponden a una noción arquitectónica austera y enérgica en la que los recursos plásticos son indisociables de los presupuestos míticos. .

EJERCICIO ◆ Caminar alrededor del atlante al ritmo que cada uno desee. Lo rodeamos para conocerlo, para familiarizarnos con su actitud, con sus atributos, con su armamento. Después nos sentamos y cerramos los ojos. Cuando volvemos a abrirlos ya nos encontramos en el territorio de la obra y tratamos de experimentar lo que vemos como una totalidad de la cual también somos partícipes.

Escribimos algunas estrofas dedicadas a las partes del cuerpo del guerrero —o a los objetos que porta— y a sus posibles simbolismos. Nos compenetramos con su naturaleza, con su misión, con su contexto.

Permitimos que las palabras sueñen.

ATLANTE

(Carla y Alejandro)

Mi mariposa negra
me protege de todo lo malo
y de lo bueno.

Mis orejeras me dicen
qué hay en el silencio
o en el ruido.

Mi sandalia
anda como serpiente
en el campo de batalla.

Yo nací de piedra
y de piedra voy a morir.

CULTURA MEXICA

Los mexicas o aztecas constituían un grupo de habla náhuatl procedente del noroeste de Mesoamérica que en 1325 fundó Tenochtitlan y en sólo cien años instauró el imperio político, económico y militar más poderoso del México prehispánico. Mediante la guerra sagrada dominaron un vasto territorio en nombre de la estrella solar, de allí que se les conociera como el *Pueblo del Sol*. Tenían amplios conocimientos astronómicos, escribían con signos jeroglíficos y crearon una poesía plena de sutileza y sentido espiritual.

Los mexicas construyeron ciudades y monumentos y sobresalieron en el arte de la escultura, en el que demostraron una penetrante capacidad de observación y un gran sentido de los valores plásticos y arquitectónicos, base de su pensamiento místico. Eran politeístas que practicaban sacrificios humanos y adoraban principalmente a Huitzilopochtli, numen de la guerra, quien los había conducido en su migración y les había profetizado su grandeza. Dice el antropólogo Felipe Solís que vivieron "exaltando el respeto a sus dioses, creadores del universo. Su misión fundamental fue sustentar su vida con su esfuerzo y sus conquistas. El arte mexica tenía ese destino: conjuntar el esfuerzo y la labor de dioses y hombres".[4]

Con este pueblo se intensifica el sentido de una existencia consagrada al éxtasis religioso, inclinación que se había manifestado durante siglos en el México antiguo.

[4] SOLÍS, Felipe, "Labor de dioses y hombres", *Artes de México*, Editorial Artes de México y del Mundo, México, número 17, otoño de 1992, p. 79.

OCELOTE

Vasija en piedra con forma de felino. Procede de Tenochtitlan. Altura: 93 cm. Enorme pieza que en el lomo tiene un cuauhxicalli o depósito donde se colocaban los corazones de los seres sacrificados a Huitzilopochtli y a Tezcatlipoca.

PREPARACIÓN ◆ Antes de visitar la sala mexica leemos unos versos: *Yo Nezahualcóyotl lo pregunto:/ ¿Acaso deveras se vive con raíz en la tierra?/ No para siempre en la tierra:/ sólo un poco aquí./ Aunque sea de jade se quiebra,/ aunque sea de oro se rompe,/ aunque sea plumaje de quetzal se desgarra./ No para siempre en la tierra:/ sólo un poco aquí.*[5]

Luego nos dirigimos a la exhibición y allí, a la entrada, nos espera la belleza amenazante del ocelote, el portador de corazones, el guardián del alimento de los dioses. Examinando la pieza advertimos que su volumen, su peso, sus colmillos descubiertos, sus garras, el juego de líneas de sus bigotes y la composición toda aluden a un gran poderío.

EJERCICIO ◆ Escribir un poema enumerando las capacidades del ocelote, comenzando cada verso con las mismas palabras para crear así un efecto de encantamiento semejante al que nos provoca la escultura.

Nos conectamos con el potencial profundo de la obra. Nos adentramos en realidades fundamentales y misteriosas, no con el fin de domesticar procedimientos inconscientes, sino de abrir una puerta para que éstos se manifiesten. La fuerza del ocelote es nuestra. Nuestras palabras son suyas.

---

[5] LEÓN-PORTILLA, Miguel, *Trece poetas del mundo azteca*, México, UNAM, Instituto de Investigaciones Históricas, 1984, p. 49.

OCELOTE

(Juan Pablo, 7 años)

Soy capaz de arrancar un corazón
[con mis dientes.
Soy capaz de arrullar un corazón
[con una sola nota.
Soy capaz de abandonar un corazón
[porque no lo quiero.

45

GUERRERO ÁGUILA Y GUERRERO JAGUAR

Lápida de un águila que representa al sol (Hutzilopochtli) dialogando con un jaguar que simboliza la noche (Tezcatlipoca). De sus bocas nace la vírgula de la palabra (o quizá se trata de un fragmento del signo atl-tlachinolli de la guerra sagrada). Los personajes pertenecen a las órdenes militares de los Guerreros Águilas y los Guerreros Jaguares. Proviene de Tenochtitlan.

PREPARACIÓN ◆ Contemplamos la lápida e investigamos sobre la guerra florida. Leemos un poema de Cacamatzin. Una de sus estrofas dice: *Envuelve la niebla los cantos del escudo,/ sobre la tierra cae lluvia de dardos,/ con ellos se obscurece el color de todas las flores,/ hay truenos en el cielo.*[6]

EJERCICIO ◆ Como situados frente a un acto de una obra teatral, vemos conversando a estos dos guerreros con yelmos de águila y jaguar. Algo, ¿el tiempo?, nos impide oír con claridad lo que dicen. Pero sus actitudes, su gestualidad, su sentido alegórico, nos permiten una reconstrucción parcial del acontecimiento.

Se forman varias parejas para la escritura. Cada pareja imagina el lugar y el momento en el que se encuentran los personajes. Luego los dibujan y escriben alternadamente un diálogo, como queriendo decodificar las vírgulas de la palabra. Un miembro del taller le da la voz al personaje de la izquierda. El otro al de la derecha.

Las frases se elevan, no reproducen un conocimiento previo, aunque la escena evoque una existencia ritualizada.

Tratamos de redescubrir la memoria, lo silencioso, los indicadores de un futuro que hoy ya es pasado.

[6] *Ibid.*, pp. 121-123.

GUERRERO ÁGUILA Y GUERRERO JAGUAR

(Ernesto y Juan Pablo)

Águila: Veo la guerra de cabeza.
Jaguar: Es una grande guerra.
Águila: Los detendré con mi ala.
Jaguar: Los detendré lanzándoles mis motas.
Águila: Me sacrificaré.
Jaguar: Se acabará el día.

MAQUETA DEL MERCADO DE TLATELOLCO

Este diorama representa al mercado de la ciudad de Tlatelolco, que fue incorporada a Tenochtitlan en 1473. En él se adquiría con cacao o se intercambiaban productos. Lo poblaban vendedores, vigilantes, guerreros, jueces, etcétera.

PREPARACIÓN ◆ Al llegar a la sala leemos unos versos de Tochihuitzin Coyolchiuhqui: *De pronto salimos del sueño,/ sólo vinimos a soñar,/ no es cierto, no es cierto/ que vinimos a vivir sobre la tierra.*[7] Luego observamos la maqueta del mercado. Recorremos con la vista sus pasillos llenos de vivacidad y colorido, y casi alcanzamos a oír el ajetreo y a percibir los olores. Distinguimos algunos personajes, en especial uno ricamente ataviado que camina seguido por una escolta. Representa al Mancebo de Tezcatlipoca, un joven escogido para el sacrificio quien "comía y bebía a gusto y paseaba tocando música de flauta, en medio de un gran júbilo. El día de su muerte y precedido por los sacerdotes que se encargaron de su educación y complacencia durante un año, subía las gradas del templo rompiendo las flautas para, posteriormente, postrarse sobre la piedra de sacrificios con el fin de que le arrancaran el corazón, en un ritual emotivo y doloroso".[8]

EJERCICIO ◆ Nos visualizamos dando un paseo por el mercado y conversando con los vendedores. Súbitamente se escucha el sonido de una flauta y vemos cómo el Mancebo la quiebra en las escaleras del templo.

Escribimos intentando que las palabras den expresión al misterio.

---

[7] *Ibid.*, p. 131.
[8] CUÉ, Lourdes, *Catálogo / Dioses del México antiguo*, Antiguo Colegio de San Ildelfonso, México, 1995, p. 103.

EL MANCEBO DE TEZCATLIPOCA

(Luis y Ernesto)

El mancebo sube la escalera,
un sacerdote lo espera para sacrificarlo.
El mancebo sube un escalón
toca una flauta y la rompe.
La primera flauta significa una gota de sangre,
la segunda flauta, una gota de fuego,
la última, una lágrima de lava.

EHÉCATL-QUETZALCÓATL

El viento, expresión de lo móvil, fue representado en obras como este mono que parece estar girando sobre sí mismo. A los monos se los vinculaba por una parte con los dioses de la sensualidad, ya que encarnaban el lado hedonista de los nahuas, y por otra con Ehécatl-Quetzalcóatl, quien de acuerdo a la "Leyenda de los Soles" se convirtió en Sol y fue abatido por Tezcatlipoca; entonces, un viento poderoso acabó con los hombres permitiendo sobrevivir sólo a algunos transformados en simios. Cultura mexica. Posclásico Tardío. Piedra. 60 x 37 x 33 cm. Procedencia: exploraciones STC METRO, ciudad de México.

PREPARACIÓN ◆ Vemos que esta pieza, a diferencia de otras realizaciones mexicas en las que predomina la frontalidad escultórica, se distingue por su soltura espacial, su gracia y su movimiento. La cola del personaje imita una serpiente, semejante a otra sobre la que está parado. El rostro conserva restos de pintura blanca y lleva puesta una máscara bucal roja con forma de pico de ave, atributo de Ehécatl-Quetzalcóatl. El pico hace referencia al soplido del viento y en especial a su energía, capaz de acarrear nubes colmadas de lluvia.

EJERCICIO ◆ Enlistar verbos relacionados de alguna manera con las aptitudes del mono. Anotarlos uno debajo del otro al comienzo de cada renglón y crear un poema a partir de esos verbos.

Compenetrados con la actitud lúdica y desenvuelta del personaje, ponemos nuestra imaginación al servicio de su ímpetu, sabiendo que éste parte de un principio simbólico y no del nivel de las apariencias.

EHÉCATL

(Carla, Ernesto y Juan Pablo)

Bailo para mi dios.
Me cuelgo de mi cola.
Soplo una gota que rueda como pelota.
Danzo para los pájaros
que se mueven con el viento.
Revoloteo el agua como el tiempo
y lo tengo todo.

COATLICUE

Escultura en piedra. Tenochtitlan. Horizonte Posclásico. Cultura mexica. 2.57 metros de alto. Coatlicue, procreadora de los dioses, simboliza a la tierra que otorga la vida pero a la que todos regresan para ser descarnados. Está decapitada y de su cuello brota un chorro de sangre que da forma a dos serpientes. Según la mitología, Coatlicue queda embarazada por un plumón blanco. Indignados, Coyolxauhqui (la luna) y los 400 surianos (las estrellas) deciden matarla, mas Huitzilopochtli, el dios solar y de la guerra, defiende a su madre derrotando a sus enemigos.

PREPARACIÓN ◆ "Los dioses del México antiguo son encarnaciones de las fuerzas de la naturaleza, como ellas terribles, destructores, demoniacos. Sus imágenes no pretenden evocar emoción estética, sino furor religioso, ese furor religioso que arrastra al hombre a la piedra de los sacrificios. […] Representar deidades como hermosos seres humanos sería acercarlas a lo terrestre, sustraerlas a la esfera divina."[9]

Caminamos en silencio alrededor de esta escultura y luego la dibujamos albergando sentimientos tan contradictorios como la admiración, el estupor o el espanto.

EJERCICIO ◆ Efectuar un recorrido secuencial por el cuerpo de la Coatlicue, en razón de que también allí se condensan sus significaciones, ya que en su cuerpo está cifrada su historia. Escribir algunos versos sobre las distintas partes de la diosa, desde la cabeza hasta los pies, donde se encuentra tallado Tlaltecutli, señor de la tierra.

[9] WESTHEIM, Paul, *Escultura y cerámica del México antiguo*, Ediciones Era, México, 1991, p. 14.

COATLICUE

(Juan Pablo y Ernesto)

Mi faz de serpientes hechas de sangre.
Mis senos están planos
porque los tendieron mis hijos,
los cuatrocientos surianos.
En mi falda hay serpientes crudas,
serpientes vivas y adorables.
En mis uñas está el diablo.

LA LEYENDA DE LA LUNA

PREPARACIÓN ◆ En los relatos mitológicos que se refieren al nacimiento del Quinto Sol se cuenta que los dioses Nanahuatzin y Tecuciztécatl se arrojaron al fuego sagrado para resurgir como soles. Una de las versiones del mito agrega que, como ambos resplandecían con la misma intensidad, Quetzalcóatl tomó un bolso confeccionado con piel y forma de conejo y lo lanzó sobre uno de ellos, transformándolo en la Luna y dejándole como impronta la silueta del conejo. Otra leyenda refiere que un día Quetzalcóatl se hallaba caminando con mucho apetito cuando se encontró con un conejo. Como éste permitió que se lo comiera, el dios, en recompensa, decidió colocar su imagen en la luna.

Buscando un acercamiento sensible a estas narraciones, los integrantes del taller forman equipos, escogen un personaje y realizan breves representaciones. Las titulan: *Un conejo en la luna, Una fauna cósmica*, etcétera.

EJERCICIO ◆ Cerramos los ojos. Visualizamos la luna y el conejo, diferentes ahora, después de conocer su pasado legendario y de teatralizarlo. Reabrimos los párpados y comenzamos a escribir —parafraseando con libertad estas historias tradicionales— de modo tal que el aspecto del poema, o su forma en la página, imite la silueta de la luna o la del conejo. Creamos así un ideograma o composición poética en la que su configuración visual es semejante a su contenido.

(Claudia, 8 años)

Yo soy la
luna y dicen que
tengo un conejo. Les
voy a contar la historia: Un
día un dios vino desde muy
lejos. El dios, como un hombre,
tenía mucha hambre. Un conejo
lo vio y le dijo: si tienes hambre
cómeme, y el dios le dijo no,
pero te concedo un deseo,
y el conejito le dijo que
quería que todo el
mundo lo viera.

CULTURAS DE OAXACA

Las culturas más significativas que se asentaron en el actual estado de Oaxaca fueron la zapoteca y la mixteca. Su historia se conoce sólo en parte gracias a algunos códices —que se salvaron de la destrucción ordenada por los españoles— y a glifos tallados en monumentos.

La ciudad principal de la civilización zapoteca fue Monte Albán, un centro ceremonial que se encuentra en la cima de una montaña en el que todos sus edificios estaban dedicados al culto religioso. Este pueblo alcanzó su máximo desarrollo en el Horizonte Clásico y sobresalió en la talla de piezas de barro y en la realización de urnas funerarias, una tipología de fuertes contrastes plásticos que es exclusivamente zapoteca.

Por su parte, los mixtecos, o habitantes del país de las nubes, formaron señoríos independientes con una cultura vigorosa y definida y fueron el grupo hegemónico en la región de Oaxaca durante el Horizonte Posclásico. Entre sus ciudades se destaca Mitla por las grecas de piedra con que decoraron sus edificios. Son notables su cerámica policroma concebida para fines rituales, la lapidaria, los huesos labrados, las joyas de oro y plata y los extraordinarios códices en los que cuentan su devenir desde el siglo VII d.C. hasta la Conquista.

La labor artística de los antiguos habitantes de Oaxaca, de indudable originalidad y belleza, partía de la interpretación de los mitos y tuvo como función primordial la de sustentar y enaltecer una concepción trascendente de la vida.

MAQUETA DE UN TEMPLO

Proviene de Monte Albán. Horizonte Clásico. Dimensiones: 30 x 22 cm. Cultura zapoteca. Pieza realizada en barro naranja, dedicada quizás al dios Xaguya, constelación celeste que descendió a la tierra en forma de guacamaya según las leyendas zapotecas.

PREPARACIÓN ◆ Entre los muchos objetos de cerámica de la sala de Oaxaca, atrae nuestra atención esta maqueta de un templo en la que está posada una guacamaya. Examinando la pieza, advertimos que el ave no se halla prisionera ya que el recinto carece de techo. Indagamos sobre la base mítica de lo que allí se representa.

EJERCICIO ◆ Nos hacemos pequeños como el ave. Nos transformamos en el ave. Miramos hacia arriba y vemos el cielo, miramos hacia los costados y entrevemos, tal vez, un paisaje montañoso. Estamos allí, de algún modo, a merced de los fenómenos de la naturaleza, en ese templo descubierto y sin paredes.

¿Qué razones habrán tenido los zapotecas para concebir un edificio de esas características? ¿Qué razón de ser tendrán sus carencias? Nos planteamos estas interrogantes —que se desprenden de la obra misma— y elaboramos un texto a partir de ellos. Escribimos conjugando el mundo de lo patente con el de las verdades ocultas, incorpóreas.

LA CASA DEL SOL

(Ernesto, 7 años)

¿Por qué no tiene techo?
Para que salga la guacamaya.

¿Por qué no tiene paredes?
Para que pueda entrar el viento.

¿Por qué tiene columnas?
Para sostener la lluvia y la lava.

EL GRAN JAGUAR

Procedencia: Monte Albán. Horizonte Clásico. Dimensiones: 88 x 51 cm. El jaguar, una de las deidades prominentes del panteón de Oaxaca, estaba relacionado con la tierra, los montes y la lluvia. En esta urna funeraria de barro policromado que pertenece a la cultura zapoteca se lo muestra con un gran moño en el cuello. Las urnas se decoraban con figuras humanas representantes de dioses —rara vez con animales— y eran dispuestas en el interior de los sepulcros, o se empleaban como ofrenda en los templos. Su función era probablemente proteger a los difuntos de la acción de las fuerzas destructoras.

PREPARACIÓN ◆ Observamos a este jaguar elaborado con gran intuición de las posibilidades plásticas de la arcilla. Su concepto escultórico de altos contrastes proyecta los detalles en función del efecto de conjunto y, al mismo tiempo, no restringe la fantasía. Lo dibujamos tratando de captar la sensualidad de sus formas, con sus salientes, sus depresiones y su juego de luz y sombra.

EJERCICIO ◆ Exploramos el jaguar valiéndonos de unos "binoculares" formados con nuestras manos. Lo percibimos sentado en el tiempo, no sólo en el espacio. Rotamos las muñecas como tratando de ponerlo en foco: si las giramos hacia afuera lo situamos en el pasado, si las giramos hacia adentro lo ubicamos en el futuro.

Dividimos la existencia del jaguar en tres etapas: su ayer, su presente, los días por venir. Escribimos una historia imaginaria presentando un hecho relevante de cada momento de su vida. ¿Por qué parajes habrá transitado? ¿Cómo se sentirá ahora? ¿Qué le ocurrirá mañana?

EL GRAN JAGUAR

(María del Pilar y Luis)

Ayer, cuando el Gran Jaguar estaba en la selva
llegaron los cazadores con pistolas de pintura
lo pintaron de varios colores
y no pudo escapar.

Hoy estoy cazado y encerrado en una jaula de vidrio
con miles de admiradores
me siento la estrella mayor.

Mañana,
mañana no sé,
tal vez me lleven a pasear con un mecate al cuello.
Todos los espíritus saldrán por mí.

COPA DE ZAACHILA

Procede de la Tumba 2 de Zaachila, Oaxaca. Horizonte Posclásico. Medidas: 7.6 x 9.7 cm. Vasija policroma con un colibrí posado en el borde, armonizada en azul, ocres y terracotas.

PREPARACIÓN ◆ Contemplamos la copa —de inesperado equilibrio formal y bellas tonalidades— y al colibrí que bebe en ella. ¿Por qué el ceramista habrá escogido ese momento para retratarlo? ¿Acaso esta imagen contiene un relato cifrado, algo extraordinario que se oculta detrás de lo cotidiano? De la investigación resulta que no se trata de una pieza de carácter realista, sino de una señal del intenso simbolismo religioso en el que se inscribía la existencia de este pueblo. Indagamos sobre los contenidos legendarios que se cree se hallan plasmados en la copa: el descenso en forma de colibrí del espíritu de los guerreros muertos en el campo de batalla, o el sol que baja a la tierra para beber la sangre de los sacrificados; aunque en este caso, como en tantos otros, la interpretación se basa más en conocimientos de la cultura mexica que de la mixteca.

EJERCICIO COLECTIVO ◆ Crear un poema sobre el viaje mítico del colibrí. Proponemos que los miembros del taller dicten frases libremente y vamos tomando nota de aquellos versos que logran el consenso de la mayoría.

Nos acercamos a la pieza dispuestos a un encuentro que puede depararnos sorpresas, abiertos a un contacto capaz de transformarnos y de ampliar nuestro modo de percibir el mundo.

EL COLIBRÍ

(Colectivo)

El colibrí baja del cielo
y se posa en mi mano.
Canta una canción
con aroma de flor
y luego se regresa
volando hacia el sol.

OLLA TRÍPODE

Vasija ritual con decoración policromada en el estilo de los códices en la que aparece la figura de dos personajes (uno de ellos probablemente Quetzalcóatl) y la de un pez en la boca de un monstruo. Cerámica. 17 x 14 cm. Cultura mixteca, Oaxaca. Horizonte Posclásico.

PREPARACIÓN ◆ Examinamos esta obra de fino acabado y disfrutamos de sus valores pictóricos: la nitidez del dibujo, la armonía de las combinaciones cromáticas, la lisura y la calidez de la materia, el ritmo de las formas, el equilibrio de la composición dispuesta según un criterio de consecutividad. Estos elementos, y las conexiones que guardan entre ellos, otorgan gran belleza y sentido de totalidad a la vasija.

Investigamos sobre las referencias mágico-religiosas a las que alude la pieza y sobre los personajes pintados en ella. Luego realizamos un dibujo con estos mismos protagonistas, imaginando lo que ocurre momentos después de la escena representada.

EJERCICIO COLECTIVO ◆ Crear un poema a partir de esta situación mitológica que incluye a Quetzalcóatl y a un pez en las fauces del inframundo.

Buscamos representar de una manera vívida, a través del lenguaje, aquello que perciben nuestros sentidos.

OLLA TRÍPODE

(Colectivo)

Quetzalcóatl tiene un tocado en la mano
para ponérselo al viento.

El pez nada en la boca del monstruo.
Quiere salir hacia las algas
de la superficie.

Se mueven las olas.
El pez vuela en la cama del viento.

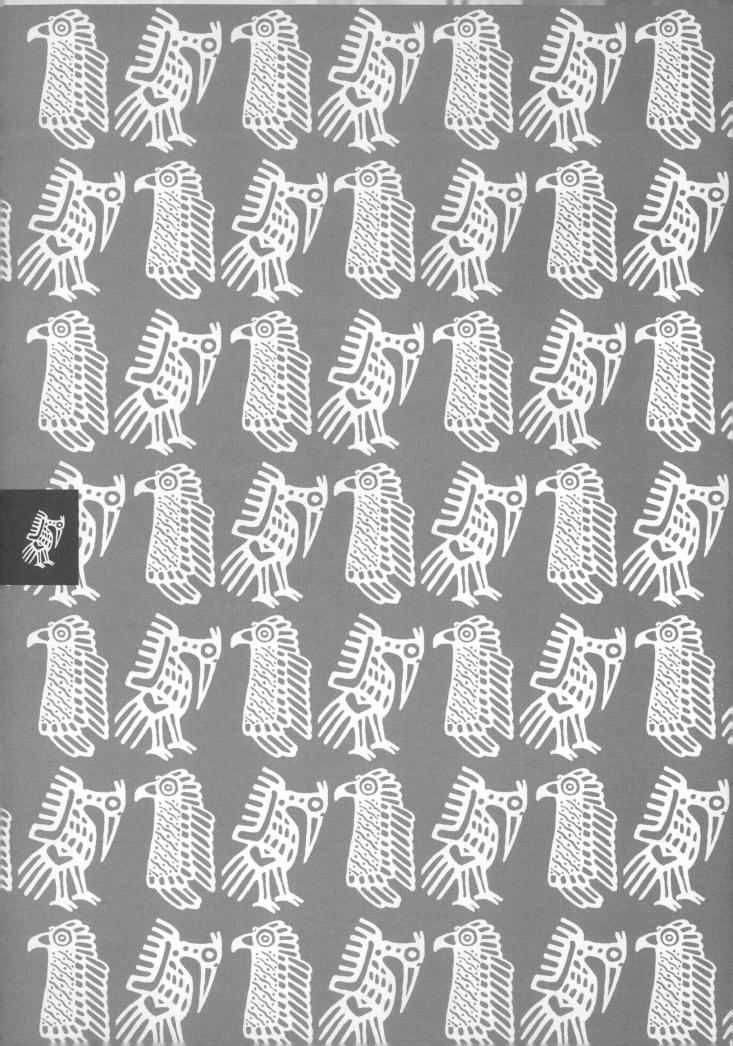

CULTURAS DEL GOLFO DE MÉXICO

Tres grandes culturas poblaron las costas del Golfo de México en la época prehispánica: la olmeca, la del centro de Veracruz y la huasteca. A la olmeca —que alcanzó su apogeo en el Horizonte Preclásico, 1200-600 a.C.— se la considera la civilización madre de Mesoamérica y el origen tanto de pensamientos orientados hacia lo metafísico, como de una actitud artística de proyección sagrada. Su influencia llega a todas las zonas en las que más tarde se desarrollarían los pueblos del Horizonte Clásico. Los olmecas confirieron una significación trascendente al jaguar y lograron avances en muchos órdenes, en particular en el arte: la escultura colosal, la lapidaria y los primeros centros ceremoniales; y en la ciencia: la invención del calendario, de los principios de la escritura y del sistema de numeración vigesimal.

Los pueblos del centro de Veracruz se desarrollaron durante el Horizonte Clásico, entre 200 y 800 d.C., y tuvieron como núcleo al Tajín. Se caracterizaron por la representación en barro de figurillas sonrientes, así como por el tallado de yugos, palmas y hachas, piezas vinculadas con el culto a los muertos y con el juego de pelota. Durante el Horizonte Clásico aparecieron los totonacos, quienes crearon grandes figuras de dioses moldeadas en barro.

Los huastecos han ocupado la región norte de la costa del Golfo de México desde 1500 a.C. hasta nuestros días, manteniendo su idioma y algunas de sus costumbres. Adoraban a Quetzalcóatl y su culto tuvo influencias en la religión de los toltecas, y luego en la de los mexicas. Realizaron bellas esculturas en piedra, una alfarería policroma y trabajos en concha y hueso.

CABEZA OLMECA

Cabeza colosal número 6 de San Lorenzo, Veracruz. Preclásico. Altura: 1.67 metros. Cultura Olmeca. Una de las cabezas labradas en piedra basáltica acarreada desde lejanas canteras a través de zonas pantanosas. Su estilo combina el realismo con una percepción del volumen abstracto. Se destacan los labios estilo felino, los ojos estrábicos y la frente aplanada por la práctica de la deformación del cráneo.

PREPARACIÓN ◆ Recorremos la sala olmeca comparando las diferentes obras allí expuestas. Se distinguen, entre otras, la figura de un atleta conocida como "el luchador de Uxpanapan", y una cabeza de piedra cuya escala y materialidad se imponen a distancia, implicando tal vez que la representación de lo cósmico exige dimensiones sobrenaturales. Percibimos las formas curvas de la cabeza, la textura rugosa, el carácter pesado, corpóreo, y ese contacto sensorial va despertando en nosotros una sensación térmica, un mundo sonoro y olfativo.

Una historia remota, cargada de extrañeza, está presente en ese rostro. Una puerta abierta al inconsciente, a visiones arcaicas y arquetípicas.

EJERCICIO COLECTIVO ◆ Imitamos al personaje desenfocando los ojos y vemos cómo la cabeza, y a lo lejos el luchador, se duplican y parecen expandirse. Imaginamos que el personaje lleva a cabo una recapitulación de su vida y de sus sueños. Nos identificamos con él, compartimos sus pensamientos. Establecemos una pasarela entre nosotros y la obra, entre el presente concreto y lo distante e inanimado.

(Colectivo)

Vengo del país de las cabezas de lava.
Mis antepasados
son los jaguares del inframundo.
Mi cabeza, un óvalo.
Mis ojos bizcos
sueñan con dos luchadores iguales
cargando piedras imposibles.

HUEHUETÉOTL TOTONACO

Procede del Cerro de las Mesas, Centro de Veracruz. Horizonte Clásico. Dimensiones: 87 x 58 cm. Cultura totonaca. Escultura de barro de un anciano jorobado que lleva en su cabeza un enorme brasero, símbolo de un volcán en erupción. Representa a Huehuetéotl, el dios Viejo del Fuego, una de las deidades más antiguas del Altiplano Central, que habitaba el centro del universo y era considerado soberano de los hombres.

PREPARACIÓN ◆ Contemplamos esta escultura de vigorosos contrastes volumétricos. Un fuerte movimiento se establece entre las formas cóncavas y convexas aunque la figura se encuentra sumida en una profunda quietud. Dos unidades bien equilibradas se destacan en la composición: el anciano y el brasero. Estos elementos plásticos nos permiten vislumbrar la naturaleza religiosa de la pieza: una obra como configuración de un concepto metafísico.

Nos sentamos en la misma posición que el dios Viejo y lo dibujamos.

EJERCICIO ◆ Recorrer la figura con la mirada tomando conciencia de que toda imagen contiene la palabra y que las palabras están atravesadas por imágenes. Aguardar hasta que algo se manifieste, una visión fugaz, un pensamiento imprevisto. ¿Acaso el viejo recuerda algo? ¿O está soñando? ¿Con qué sueña?

Escribimos un poema breve, buscando llevar el impulso creativo a un momento de resplandor. Huehuetéotl y el fuego son dos partes de un todo, y es posible entrever un amplio territorio poético en las relaciones que los unen.

DIOS DEL FUEGO

(Elizabeth, 8 años)

El viejo soñó
que bailaba en el fuego
y el fuego le copiaba
a bailar al viejo.

El humo lo hacía feliz.

CARITA SONRIENTE

Procede del centro de Veracruz. Horizonte Clásico. Cerámica. Altura: 16 cm. Figura femenina sedente con un tocado que al centro tiene un glifo, actualmente roto, indicación quizá de una función religiosa. Esta pieza de gran realismo pertenece a la cultura conocida como "Caras sonrientes". Se trata de "representaciones convencionales de lo que hoy día —en la cultura occidental— consideramos como expresión de la alegría. [...] En conjunto, las 'figuras sonrientes' constituyen una manifestación excepcional, en lo particular, cada una reitera el patrón formal que sostiene el gesto de la risa".[10]

PREPARACIÓN ◆ "Miren esa muchacha... ¿De qué se reirá?", pregunta una de las integrantes del taller señalando la pieza. "Yo creo que de nosotros", responde otra. Y los comentarios siguen un rato en ese tono.

Observamos la figura no sólo con los ojos sino también con el entendimiento, la afectividad, el espíritu, la memoria. Nos asombra su ornato y la expresión de su rostro iluminado. ¿Acaso escuchamos el cascabeleo de una risa suave?

Se desconoce la razón por la cual esa cultura representaba a sus personajes sonriendo, pero la energía que irradian todavía nos conmueve.

EJERCICIO ◆ Escribir un poema en el cual todos los versos comiencen de modo semejante. Buscamos crear un ritmo creciente que nos conduzca a lo inesperado, y permitimos que la sonrisa de la muchacha contagie de frescura nuestros textos.

[10] DE LA FUENTE, Beatriz, "El espíritu detrás de la piedra", *Artes de México*, Artes de México y del Mundo, número 17, México, otoño 1992, p. 59.

CARITA SONRIENTE

(Andrea, 6 años)

Estoy mirando unas plumas como pájaro.
Estoy mirando un espejo redondo.
Estoy mirando ya no sé,
pero me da risa.

LÁPIDA DE AUTOSACRIFICIO

Placa de piedra en relieve. Costa del Golfo. Posclásico. Cultura huasteca. La lápida muestra a un individuo autosacrificándose. Tiene la piel escarificada y usa penacho y taparrabos. Se trata del dios Ehécatl-Quetzalcóatl o de un sacerdote dedicado a su culto ya que porta un caracol cortado de modo transversal, símbolo del viento. En este caso, la expiación consiste en atravesarse la lengua con una vara de púas. La sangre, emblema de la vida, cae sobre una serpiente que aquí representa la tierra. Un pequeño jaguar camina entre las piernas del personaje.

PREPARACIÓN ◆ Investigamos sobre la cultura huasteca y sobre los ritos de purificación, como el que realiza el sacerdote figurado en esta pieza. Comprobamos una vez más que la función del arte mesoamericano era dar vida a lo sagrado.

Examinamos cuidadosamente la lápida. Cerramos los ojos, tratando de recordar lo que vimos. Momentos después volvemos a abrirlos y descubrimos detalles que nuestra memoria había excluido. Cerramos los ojos otra vez y permitimos que en nuestra mente deambule el recuerdo de la imagen.

EJERCICIO COLECTIVO ◆ De la estructura plástica de la obra desprendemos una composición verbal. Tomamos como punto de partida las acciones mostradas en la placa y nos proponemos descifrar el sentido de las mismas. ¿Quiénes son los protagonistas de esta escena? ¿Qué está ocurriendo? ¿A qué se parece lo que está ocurriendo? Avanzamos hacia la zona de misterio de la obra, nos conectamos con su naturaleza y dejamos que las palabras nos sigan.

AUTOSACRIFICIO

(Colectivo)

De su lengua sangra
una cascada de fuego.

La serpiente bebe su sangre
como si bebiera el cielo.

Un jaguarcito
juega entre sus piernas
y lo acaricia como una flor de viento.

EL PUEBLO MAYA

Los mayas constituyeron quizá la civilización más notable de Mesoamérica. Básicamente agricultores, tenían al maíz como su alimento principal y, de acuerdo con su pensamiento cosmogónico, lo concebían como la materia con la que los dioses los habían creado. Su historia abarca desde 1500 a.C. hasta la Conquista Española y se encuentra escrita en jeroglíficos que sólo han podido descifrarse de modo parcial.

Este pueblo fundó grandes centros ceremoniales desde la península de Yucatán hasta regiones de Honduras sobre una topografía cambiante que incluye una zona de rocas calizas con cenotes y la selva tropical. Su valiosa arquitectura fue realizada con piedra y mortero y en ella destaca la "bóveda maya" con forma de trapecio isósceles que determinó la configuración angosta y alargada de los edificios. Aunque desconocían el hierro y el bronce, sobresalieron en la escultura, la lapidaria, la pintura, el modelado en estuco y las miniaturas en barro.

Esta civilización también descolló en la astronomía y en las matemáticas creando un sistema calendárico de gran exactitud y empleando el cero cientos de años antes que en Europa. Consideraciones de orden religioso y estético llevaron a los mayas —como a otras culturas de Mesoamérica— a provocarse deformaciones, estrabismo, limadura de dientes y escarificaciones.

Su periodo de máximo esplendor tuvo lugar durante el Horizonte Clásico (300-1000 d.C.), antes de la llegada de los toltecas y otros grupos del altiplano y la costa del golfo, quienes suscitaron profundas transformaciones en la cultura maya.

MURAL DE LA CREACIÓN DEL HOMBRE (Detalle)

Obra de Raúl Anguiano

PREPARACIÓN ◆ Según el Popol Vuh, los dioses realizaron varios intentos para crear al hombre. En el último dieron origen al hombre de maíz, dotado de enormes capacidades: "Cuando miraban, al instante veían a su alrededor y contemplaban en torno a ellos la bóveda del cielo y la faz redonda de la tierra. Las cosas ocultas (por la distancia) las veían todas, sin tener primero que moverse."[11] Pero los dioses se arrepintieron de haber concebido a los hombres como a iguales y decidieron restringir su poderío: "Entonces el Corazón del Cielo les echó un vaho sobre los ojos, los cuales se empañaron como cuando se sopla sobre la luna de un espejo."[12]

EJERCICIO COLECTIVO ◆ Diversos mitos del origen de la vida, pertenecientes a distintas civilizaciones, afirman que hubo una época en la que los hombres eran mejores —más buenos, más sabios, más poderosos— de lo que terminaron siendo. Tiempos antiguos, heroicos, que podemos evocar a través de un poema. Pedimos a los integrantes del taller que imaginen las reacciones del primer hombre de maíz al verse disminuido por los dioses, y que dicten versos en los que se rememoren sus antiguos talentos.

Poco a poco va surgiendo una elegía —composición lírica de asunto triste—, aunque se trata de una elegía atenuada, porque al mismo tiempo resulta un canto celebratorio de las facultades perdidas.

---

[11] SODI, Demetrio, prólogo, selección y notas, "Popol Vuh", *Textos Mayas. Una antología general*, México, SEP/UNAM, 1982, p. 106.
[12] *Ibid.*, p. 108

EL PRIMER HOMBRE DE MAÍZ

(Colectivo)

Yo tocaba el cielo con las manos.
Yo veía las matemáticas de la fantasía.
Yo tocaba el pensamiento de los nopales.
Yo me deleitaba con el veneno de las flores.
Yo adivinaba los sentimientos de los dioses.
Yo era el perfecto Hombre de Maíz.

TEJEDORA

Figurilla de la Isla de Jaina, Campeche. Clásico Tardío (600-900 d.C.). Altura: 16 cm. Cultura maya. Las numerosas representaciones de terracota encontradas en Jaina constituyen un recuento sin par de las actividades cotidianas del pueblo maya y del espíritu con el que se llevaban a cabo. Artesanos, guerreros, ancianos, niños, gobernantes, aparecen meticulosamente elaborados y plenos de vida. Esta pieza presenta a una tejedora y a un pájaro y sirvió como ofrenda en una tumba.

PREPARACIÓN ◆ Viendo a la tejedora y al pájaro posado sobre el telar podemos imaginar una melodía llenando el aire o un diseño de lana tomando forma. Intuimos la suavidad con que trabaja la tejedora para que el pájaro no se sienta amenazado y desaparezca en el cielo; una suavidad que hace explícita la armónica relación del hombre con la naturaleza que caracterizaba al mundo maya.

EJERCICIO ◆ Proponemos escribir un cuento breve en tres etapas. Damos las consignas gradualmente, a medida que van escribiendo, para provocar cierto ritmo en el proceso creativo: *a)* Presentar a los personajes. *b)* Narrar algo que está ocurriendo, un pequeño suceso, un conflicto. *c)* Permitir que la pieza nos sugiera el final.

Nos acercamos a la estatuilla intentando alcanzar aquello que le da su razón de ser y que no está delimitado por su forma externa. Nos entregamos a algo más vasto que el mundo visible.

LA TEJEDORA

(Laura, 7 años)

Era una tejedora. Hacía los más grandes
vestidos para la esposa del gobernante.

Yo chiflaba y atraía a un pájaro.
Yo hablaba con él mientras lo bordaba.
Cantaba con él mientras trabajaba.
Pensaba como él. Yo sentía como él.
Cometíamos casi los mismos errores.

En el último momento en que vivió
la tejedora, pidió que en vez de ofrenda
quería que la enterraran con el pájaro:
Éramos como hermanos.

TUMBA REAL DE PALENQUE

Reproducción de la tumba secreta hallada en el interior de la pirámide del Templo de las Inscripciones, ubicado en Palenque, estado de Chiapas. En el centro de la cámara funeraria de 9 x 4 metros se ubica el sarcófago que estaba cubierto por una gran losa. Allí se encontraron los restos de un personaje que se cree pertenecen a Pacal, un notable gobernante maya. Las dimensiones de la losa y la estrechez del pasillo indican que primero se construyó la sepultura y más tarde la pirámide. Horizonte Clásico Tardío (600-900 d.C.).

PREPARACIÓN ◆ Investigamos sobre las relaciones del hombre maya con el cosmos y sobre los obstáculos que debía superar en su viaje al inframundo. Mientras oímos antiguas canciones folklóricas del sureste mexicano, realizamos un dibujo imaginando la tumba que visitaremos instantes después.

Luego descendemos por la escalinata que nos conduce hacia la reproducción de la cámara oculta del Templo de las Inscripciones. Nos acercamos al sepulcro, recubierto de cinabrio para que el difunto renazca como el sol del oriente, y tratamos de establecer un puente que atraviese el tiempo que nos separa de él.

EJERCICIO ◆ Escribir una alabanza, una loa, un poema dramático en el que se celebre al personaje de Palenque. ¿Podremos despertarlo de su reposo? ¿Tenemos algo que decirle? ¿Algo que desearle?

(Luis, 11 años)

Tu máscara verde
como la selva
como la vida
¡Oh, Señor de los Señores!
¡Ojalá bien llegues
al mundo número nueve
donde la muerte mece las cunas,
donde empieza la vida eterna!
¡Oh, Señor de los Señores!

CHAC-MOOL

Proviene de Chichén-Itzá, Yucatán. Posclásico. 109 x 148 cm. Piedra. Cultura maya. Representa una figura humana que yace sobre la espalda, con la cabeza erguida y vuelta hacia un costado. Una docena de estas esculturas han sido descubiertas en Chichén-Itzá —algunas de ellas con incrustaciones de hueso—, pero también se han encontrado otras, pertenecientes a las culturas tolteca, tarasca y mexica. Basándose en el plato de piedra que sostiene sobre el abdomen, Sylvanus G. Morley, al igual que otros investigadores, señala que su función puede haber sido la de recibir ofrendas de los fieles.[13] Como es el caso de la mayor parte de las esculturas mesoamericanas, se trata de un arte vinculado a los rituales religiosos y a las conquistas.

PREPARACIÓN ◆ Contemplamos la pieza tratando de captar tanto sus cualidades escultóricas como la esencialidad de su gesto. El esfuerzo que implica mantener esa postura sorprendente constituía quizás un requerimiento para un ritual complejo y de profunda significación. Su escala humana, a nivel del piso, lo acerca a nosotros. Al mismo tiempo, una actitud concentrada y solemne lo remite a la esfera de lo sagrado. Su imagen no reproduce una vivencia sensible, encarna un concepto.

EJERCICIO ◆ Nos recostamos por unos momentos en el piso, imitando la posición del Chac-Mool. Sentimos el efecto en nuestro cuello, en nuestros codos y en nuestro estado anímico. Nos preguntamos por el motivo de su postura —si se hallará escuchando algo, si estará alerta ante algún suceso— y concebimos mentalmente una o dos líneas, dejando que hable el lenguaje de nuestro cuerpo.

---

[13] MORLEY, Sylvanus G., *La civilización maya*, FCE, quinta reimpresión, México, 1985, p. 365.

CHAC-MOOL

(Guillermo, 10 años)

El Chac-Mool se queda inmóvil pues
Quiere que los quetzales canten en él.

CHAC-MOOL

(Ana, 10 años)

El Chac-Mool se toca el ombligo
Para sentir la presencia de Dios.

NORTE DE MÉXICO

Las condiciones ecológicas en el noroeste del México antiguo no propiciaron la agricultura, por lo que, en las zonas más desérticas, la población se dedicó durante siglos a la caza y a la recolección de frutos y semillas. La influencia de las grandes culturas mesoamericanas se hizo sentir, sin embargo, en algunos pueblos que lograron cierto nivel de producción agrícola.

El grado más alto de desarrollo fue alcanzado por las llamadas "culturas de oasis", como la de Casas Grandes, que floreció entre 1300 y 1400 d.C. Su concepto del urbanismo, que incluye casas-habitación de varios pisos, no tiene puntos en común con el de las construcciones mesoamericanas, sino más bien con las del suroeste de los Estados Unidos. Se destacan la cerámica policroma con bellos decorados geométricos de movimientos contrapuestos, la pintura rupestre y los objetos de ornato y uso doméstico.

MAQUETA DE CASAS GRANDES

Representación de casas de adobe de varios pisos y numerosas habitaciones, con puertas bajas en forma de T, que manifiestan el alto grado de desarrollo urbanístico alcanzado por este pueblo. Junto a ellas se encontraron edificaciones especiales en las que criaban guacamayas o pericos, seguramente para comerciar con sus plumas o para utilizarlas como vestimenta. Casas Grandes, Chihuahua. Horizonte Posclásico.

PREPARACIÓN ◆ Examinamos la maqueta y las enormes fotografías de Casas Grandes y su paisaje que cubren algunos muros de la sala creando un ambiente realista y sugerente. Miramos las ruinas de las casas de adobe, ligadas al entorno y armónicas en su diseño. Investigamos sobre esta cultura asentada en una región árida. Dibujamos. Agregamos algunos personajes a nuestro boceto tratando de imaginarnos cómo sería la vida de este conjunto edilicio en nada similar a las construcciones de las culturas centrales de Mesoamérica.

EJERCICIO ◆ Sentados en silencio frente a la maqueta, comenzamos a entrever una situación —real o fantástica— reuniendo los datos recabados por nuestro intelecto y nuestros sentidos. De modo paulatino, descubrimos que ese espacio es capaz de despertarnos "recuerdos imaginarios". Quizás experimentamos el hálito del viento del desierto en nuestra cara, la textura reseca de las escaleras en la palma de la mano, o el olor del adobe después de la lluvia. ¿Qué sonidos encontraban cobijo bajo esos techos? ¿Qué vivencias llenaron esas paredes?

CASAS GRANDES

(María del Pilar, 8 años)

Una mansión destruida
con grandes palos y ventanas,
la mitad techada
y la otra mitad sin techo,
escaleras que pasaban por la casa,
los pericos que volaban
y el viento que pasaba
después de una gran tormenta.

Toda la gente en los techos
para no mojarse,
y los pericos cante y cante
para que la tormenta pase.

OCCIDENTE DE MÉXICO

El occidente de México es la mayor de las regiones en las que se ha subdividido Mesoamérica y, al mismo tiempo, una de las más desconocidas. Abarca desde el sur del actual estado de Sinaloa hasta Guerrero, incluyendo partes de Guanajuato.

Esta subárea jugó un importante papel como corredor cultural a través del cual llegaron influencias de Sudamérica, América Central y el suroeste de Estados Unidos, como la metalurgia, que aportó las coas y hachas de cobre ligadas a la producción agrícola, y las Tumbas de Tiro, hasta el momento sólo descubiertas en Occidente. En estas tumbas se hallaron ofrendas con hermosas vasijas y figuras huecas, y unas sobrias piezas lapidarias conocidas bajo el nombre de "estilo Mezcala", que reúnen rasgos olmecas y teotihuacanos. La cerámica, de carácter realista, parte de una aguda observación de los fenómenos físicos y nos da información sobre las costumbres —como la pintura corporal, la práctica de las escarificaciones y el juego de pelota— con un estilo fresco y libre, debido tal vez a la ausencia de esa forma de vida intensamente ordenada por rituales que impusieron las concepciones metafísicas de las culturas clásicas.

En esta amplia región no hubo grandes centros ceremoniales, salvo los de los tarascos en el Horizonte Posclásico Tardío. Este pueblo creó urbes como Tzintzuntzan, utilizando plataformas de piedra llamadas "yácatas" encima de las cuales construyeron templos de materiales perecederos.

MUJER-GALLETA

Las figuras de Chupícuaro se caracterizan por su formato plano y por una desproporción entre la cabeza y el cuerpo. Sus rasgos faciales están realizados con la técnica de pastillaje. Abundan las representaciones femeninas conocidas como "mujeres-galleta", por lo general desnudas y con elaborados arreglos en el pelo, que se recubrían a menudo con pintura facial o corporal de color rojo. Horizonte Preclásico Formativo.

PREPARACIÓN ◆ Observamos esta figurilla que sorprende por su estructura plana e irregular y por la magia que emana de sus detalles. Los enormes ojos, las piernas terminadas en punta, los brazos recortados y las líneas de su silueta alteran nuestro estado de ánimo emitiendo mensajes polisémicos. Nos surge la duda sobre lo que habrá motivado su desnudez: si las demandas de una ceremonia, o la naturalidad de una vida no reglamentada.

EJERCICIO ◆ Repasamos sus rasgos con la mirada. Descubrimos que recorrerla es un camino placentero para el ojo y que tal vez nos acerque a sus significaciones elusivas. Notamos el realce otorgado a sus adornos, percibimos su aroma, nos dejamos llevar por esa suave sensualidad inserta en un mundo de escalas trastocadas donde los propósitos expresivos aceptan el registro de lo imaginario.

Escribimos un poema preguntándonos a qué se asemeja cada parte de su cuerpo. Permitimos que la metáfora nos conduzca al territorio de lo no manifiesto.

MUJER-GALLETA

(Ernesto, 9 años)

Ojos rasgados,
nariz de gota de agua
que va cayendo,
boca de mariposa,
collar de ojos dormidos,
bracitos de mazorca,
diadema de estrellas y cometas.

ANCIANA DEFORME DESGRANANDO UNA MAZORCA

Cerámica de Colima. Horizonte Clásico Evolutivo (200-800 d.C.). Dimensiones: 19.7 x 8.2 cm. Cultura de las Tumbas de Tiro, Occidente de México. En esta vasta región se han hallado numerosas figuras de cerámica que representan a seres humanos deformes: jorobados, hidrópicos, raquíticos. Se piensa que motivos de orden religioso impulsaron a los artesanos a crear este tipo de obras cuyo destino último y sagrado fue el de acompañar a los muertos.

PREPARACIÓN ◆ Dibujamos esta pieza de cerámica realzando los aspectos que la caracterizan y la vuelven única. Distinguimos el trazo áspero, vivaz, instintivo. Indagando sobre sus significados surge un tema del cual esta figura resulta ser emblemática: la naturaleza contrahecha, concebida en Mesoamérica como una realidad que alude a lo trascendente, como un don que se otorga a algunos escogidos para mediar entre el cielo y la tierra.

EJERCICIO ◆ Observamos la estatuilla con nuestros sentidos alertas: casi podemos oír la caída de los granos de maíz sobre la cazuela, o adivinar el murmullo incesante de los pensamientos de la anciana. ¿Será la aceptación lo que nutre su espíritu? ¿O se hallará sumergida en la doble penumbra de la vejez y la deformidad?

Creamos un poema a partir de esta imagen capaz de enfrentarnos a lo desconocido y, de alguna manera, a lo que ignoramos de nosotros mismos.

MUJER DEFORME

(Carla, 8 años)

Soy un dios en la tierra,
un idiota en el mundo de allá arriba.

Los huesos se me levantan
a la hora de la danza ideal.

ORÍGENES PREHISTÓRICOS

Según la teoría que goza de mayor aceptación en la actualidad, los primeros hombres americanos llegaron desde Asia, al menos 40 mil años atrás, aprovechando una glaciación que unió los continentes asiático y americano. Se piensa que el arribo al Valle de México se produjo, aproximadamente, hace 14 mil años.

Eran cazadores-recolectores que presumiblemente se internaron en el continente persiguiendo animales para su alimentación. La base de su subsistencia estaba constituida por bestias pequeñas, aunque también cazaban mamuts.

Conocían el uso del fuego y empleaban lanzas y flechas. Es probable, asimismo, que utilizaran redes y canastas para la pesca y la recolección de frutos.

Este periodo, llamado Horizonte Prehistórico, alcanza hasta el año 7000 a.C., fecha aproximada del descubrimiento de la agricultura.

MURAL DE LA FAUNA DEL PLEISTOCENO EN MÉXICO

Obra de Iker Laurrari

El mural presenta un grupo de grandes animales que hace miles de años convivieron con el hombre en el continente que ahora llamamos América. Entre otros: el gliptodonte, los caballos del género *Equus*, el oso *Ursus* americano, el *Canis Dirus* o lobo primitivo, el *Camelops* (camello), mastodontes del género *Mammut*, el perezoso terrestre, el *Eremotherium Rusconi*.

PREPARACIÓN ◆ Después de un recorrido de más de dos años a través de las salas que exhiben obras de las culturas mesoamericanas, regresamos en el tiempo y nos ubicamos en un periodo en el cual hasta la civilización olmeca era una posibilidad del devenir.

Parados frente al mural de la fauna del pleistoceno contemplamos esas bestias casi fabulosas que según se cree llegaron a nuestro continente —igual que el hombre— cruzando el actual Estrecho de Bering.

EJERCICIO COLECTIVO ◆ Imaginamos el estrecho en el momento en que lo transpone la megafauna. Distinguimos los animales y sus características más destacadas y escogemos, de cada uno de ellos, una parte capaz de representarlo.

Observamos el mural, de imponente concepción museográfica, y vemos el entrecruzarse de los cuerpos, la zona de penumbra a sus espaldas, la reciedumbre de los movimientos.

Intentamos trasladar estas sensaciones físicas a las palabras.

MEGAFAUNA

(Colectivo)

Rincoterio,
Por el estrecho de hielo
Sus cuatro dientes pasan
Como pasa la lluvia.

Por el estrecho de hielo
El gliptodonte pasa,
Sus huellas se desvanecen
A la luz del viento.

EL MUSEO

El proyecto del Museo Nacional de Antropología de México fue dirigido por el arquitecto Pedro Ramírez Vázquez en colaboración con otros 52 arquitectos. Se trata de una construcción marcadamente contemporánea pero con raíces prehispánicas; sus formas, su espíritu, sus proporciones, invitan a la comunicación y al entendimiento y expresan de modo inequívoco la trascendencia de las culturas del México antiguo.

El edificio está conformado por 23 salas, doce de arqueología y once de etnografía, diseñadas según un concepto museográfico de carácter didáctico. Todas las salas abren a un patio central de grandes dimensiones —inspirado en el Cuadrángulo de las Monjas de Uxmal— que invita a un recorrido con pausas, en las que es posible tomar un descanso y meditar sobre lo visto. Una parte del patio está cubierta por una sombrilla gigantesca, y en la otra se halla un estanque con vegetación lacustre que evoca el sitio donde los mexicas fundaron Tenochtitlan. Este museo, inaugurado en 1964, constituye una obra prominente de la arquitectura y la antropología mexicana.

PREPARACIÓN ◆ Leemos algunos haikús, breves poemas clásicos japoneses que tienen como tema central la naturaleza, y también unas logradas experiencias que en ese género llevara a cabo José Juan Tablada. Luego caminamos hacia el patio donde nos esperan el espejo acuático, las plantas, el cielo.

EJERCICIO ◆ Es el final. La despedida del taller. Para nuestra práctica partimos de una vivencia: la observación del sol del atardecer reflejándose sobre el agua del estanque. Sin conversar —casi como una prueba interior, producto de la contemplación y los ecos de la lectura previa—, cada uno se concentra en las cosas principales, en los elementos protagónicos de la escena.

Escribimos un poema de tres líneas, motivados por este rincón de arquitectura interior envuelto en una atmósfera rica en alusiones. En el primer verso presentamos un aspecto del paisaje. En el segundo nos concentramos en otro. En el tercero los vinculamos entre sí, aguardando a que se exprese lo latente.

ATARDECER EN EL ESTANQUE

(Guillermo, 10 años)

En la tierra reposa el agua,
en el aire el fuego,
ésa es su naturaleza.

INTEGRANTES DEL TALLER INFANTIL DE CREACIÓN LITERARIA (1993-1995)

Alejandro Aispuro Martínez (de 8 a 9 años)
Ana González Catarrivas (10 años)
Andrea Noriega Tazzer (6 años)
Carla Contreras Rincón (de 7 a 8 años)
Claudia Alva (8 años)
Elizabeth Gordon Nierman (8 años)
Ernesto Lara Romero (de 7 a 8 años)
Guillermo Martínez Verduzco (10 años)
Juan Pablo Aispuro Martínez (de 7 a 8 años)
Laura Chenillo (7 años)
Luis Téllez Tejeda (de 10 a 11 años)
María del Pilar Cervantes (8 años)
Pedro Kweponi Martínez López (de 7 a 8 años)

A la izquierda: Laura, María del Pilar, Elizabeth, Guillermo; a la derecha: Andrea, Pedro, Ernesto; al centro, de izquierda a derecha: Juan Pablo, Alejandro, Carla, el autor y Luis.

II

PUNTOS DE PARTIDA PARA LA ESCRITURA

Uno empieza [a escribir] *como puede.*

Giórgos Seféris[1]

Decíamos en el prólogo que es posible imaginar muchas maneras de acercarnos literariamente a las obras expuestas en los museos. Desde dar relevancia a los elementos del campo pictórico, como el color, el volumen, la línea, la textura, el ritmo, la composición —en el entendido que estas formas conllevan también significaciones—, hasta destacar la repercusión interior que provocan en nosotros algunos aspectos de las obras de carácter figurativo, como los personajes y las acciones en ellas representados. Estos componentes nos proporcionan, a la vez, una fuerza conceptual que se manifiesta en busca de forma, y una suma de impulsos expresivos tratando de alcanzar significados, de los cuales se desprenden diversas alternativas textuales, diversos puntos de vista físicos, estéticos y filosóficos.[2]

A continuación presentaremos un ordenamiento tentativo de las estrategias que hemos utilizado para transitar de la imagen a la palabra. Realizamos este ensayo de manera aproximada, sin olvidar que las chispas que originaron los ejercicios y textos de la antología son en gran parte arbitrarias y provienen de esferas tan diferentes como la afectividad, el pensamiento, la observación, los sueños, la espiritualidad, la memoria. Si imaginamos el conjunto de los ejercicios como un rompecabezas, éste tendría varios modos de organizarse, varias configuraciones posibles. Considerando que las obras mesoamericanas que nos motivaron a escribir son figurativas y poseen un fuerte contenido mítico, optamos por agrupar los ejercicios a partir de unidades narrativas, pero sin perder de

---

[1] SEFÉRIS, Giórgos, *K.P. Kaváfis, T.S. Eliot, El estilo griego,* México, FCE, 1988, p. 20.
[2] Otros caminos pueden tomar como base las relaciones entre el lenguaje plástico y el verbal, los vínculos entre el autor y la obra, las correspondencias entre obra y sociedad y muchas otras variables que el lector pueda imaginar y que nosotros quizá no entrevemos.

vista que éstos son —o debieran ser— más libres, más espontáneos, menos previsibles y, en realidad, se inscriben en una metodología en estado de invención. En un orden, tal vez, pero con muchas variables. Un orden animado por lo orgánico. Un orden que fluye.

LOS PERSONAJES

Caracterización o retrato. Muchas imágenes son capaces de ocasionar emociones, recuerdos, asociaciones de ideas, etcétera. Cuando se trata de imágenes figurativas, una parte de ese efecto es producido por los personajes representados en ellas, ya sea por su apariencia, su atuendo, sus atributos, o por su carácter, su idiosincracia, o las funciones que cumplen. Los personajes pueden constituir un germen para la creación literaria, un determinado momento de la visión que nos permite empezar a recorrer un camino.

Nuestra meta no sólo es lograr un cuadro descriptivo de los personajes, sino alcanzar una percepción poética de los mismos, que incluye, de algún modo, desentrañar su razón de ser. Lo que resulta, entonces, son textos como transfiguración de la imagen; no una repetición de la obra, sino una obra nueva. Ver, entre otros, *Coatlicue*, págs. 52-53.

Capacidades. Todos los seres tienen distintas aptitudes; ésta es una de las características que los particularizan, que nos permiten distinguirlos. Después de observar a los personajes de una obra plástica, de dibujarlos, de captar su naturaleza, de conocer su historia, nos podemos interrogar sobre las capacidades singulares que detentan y las repercusiones que éstas originan en nosotros. Ejemplo: *Ocelote*, págs. 44-45.

En el caso de la escultura de un mono mexica lleno de jovialidad y energía que representa al dios Ehécatl-Quetzalcóatl (ver págs. 50-51), los integrantes del taller asumieron que estaba alardeando de su pujanza, y que su expresión podía traducirse como ¡Vean lo que hago con mi poder!

Por otro lado, el fundamento de la escritura también puede asentarse en la **pérdida de capacidades.** Por ejemplo, al visitar el mural que representa el mito quiché de la creación, nos preguntamos acerca de las facultades que poseía el hombre de maíz antes de que los dioses disminuyeran su jerarquía. Así surgió el poema colectivo *El primer hombre de maíz*, págs. 78-79.

Personificación. A veces el encuentro con un cuadro o una escultura de estilo figurativo nos permite escribir a partir de identificarnos con uno de los personajes, de asumir su identidad, de intuir que de alguna manera ya formábamos parte de él, ya lo habíamos acogido en nuestro ser. El pensamiento básico implicado en este tipo de ejercicios es: "Soy lo que veo", o a modo de interrogantes: "¿Qué me rodearía si yo fuera ese personaje? ¿Cómo transcurrirían mis horas? ¿Qué problemas o emociones se originarían?". Participamos así sensiblemente de la vida y las transformaciones del personaje. Ver: *Máscara con turquesas*, págs. 32-33.

Diálogo. Otro modo de abordar una imagen como motivación para la escritura consiste en idear un diálogo, un tipo de discurso en el que las palabras provienen de los sujetos representados —aunque es posible que incluya al narrador, al autor o al lector—, o bien un diálogo interior o monólogo, o sea un discurso capaz de revelarnos la interioridad de un individuo, su psicología, sus sentimientos, sus propósitos. Los diálogos entre los personajes pueden abarcar múltiples aspectos que incluyen lo que los rodea, la época en la que se desenvuelven o alguna acción significativa que estén realizando. Ejemplo: *Guerrero águila y guerrero jaguar*, págs. 46-47.

LAS ACCIONES

A veces, al contemplar una obra de arte de índole figurativa, lo que adquiere relevancia ante nuestros ojos son las acciones que en ella se presentan o insinúan. En el caso de obras plásticas, por lo general, estos actos se encuentran condensados en una sola imagen.

La serie de acciones realizadas por uno o más personajes constituye uno de los componentes del relato, y puede servir como detonador de un texto perteneciente a cualquiera de los subgéneros narrativos: la fábula, la leyenda, el mito, el cuento, la novela, la poesía de carácter legendario.

La imagen simbólica. Pertenecen a esta categoría aquellas representaciones en las que adivinamos una encarnación de hechos o creencias, o cuando inferimos una síntesis de un concepto moral o intelectual con el que se vinculan por correspondencia o por semejanza.

En la captación simbólica de una obra de arte, las apariencias reflejan una verdad o función interior que además varía constantemente según los puntos de vista de las distintas épocas. Ver: *El acróbata*, págs. 22-23, o *Mascarita*, págs. 28-29.

El mito. Diversos acercamientos han visto al mito como una fábula alegórica con contenidos fundamentales religiosos, un relato de tiempos heroicos, una metáfora desarrollada capaz de explicar el origen del mundo, una tradición vuelta alegoría que se basa en un hecho histórico o filosófico, una visión cósmica que enriquece nuestra interioridad y nos permite crecer, etcétera.

Los protagonistas de los mitos suelen ser dioses o héroes divinizados que encarnan ideas o posturas morales, o bien a los cuatro elementos, o a fuerzas físicas como rayos, terremotos, huracanes.

Al enfrentarnos a una obra plástica que presenta hechos fantásticos podemos percibir en ellos un sentido cifrado y escogerlos como eje de un relato mítico. Es decir, es posible entrever o concebir un mito a partir de una imagen simbólica que, puesta en movimiento, sea capaz de imantar acciones, emociones e ideas relativas a su calidad expresiva y a su significado. Como muestra de fábula alegórica, o de acciones míticas concentradas en una representación, leer *El colibrí*, págs. 62-63.

La situación límite. En ocasiones, al observar los sucesos figurados en una pieza, podemos vislumbrar un momento crucial dentro de la secuencia de actos que entretejen un relato: pongamos por caso el instante privilegiado —luminoso o terrible— en el que un personaje se confronta con su destino. Ver: *El Mancebo de Tezcatlipoca*, págs. 48-49.

ALREDEDOR DEL TIEMPO

Una aproximación literaria a la idea de tiempo en el ámbito pictórico puede partir del tiempo real o imaginado de los personajes que vemos en las obras, pero también puede abarcar el de la pieza misma, el tiempo de "la lectura", el del emisor, del receptor, etcétera. Esta puntualización es válida para los demás acercamientos que proponemos y de los cuales sólo se señala una pequeña parte de sus posibilidades.[3]

La consecutividad. Tomando como base el carácter sucesivo del tiempo, podemos escribir sobre el ayer, hoy y mañana de un personaje presentado en una obra, o bien recrear su memoria y

[3] Para una ampliación del concepto de tiempo dentro de la narrativa, ver BOURNEUF, Roland, y OUELLET, Réal, *La novela*, Barcelona, Ariel, 1989, pp. 147-170.

sus sueños, de donde resultan textos como *El Gran Jaguar*, págs. 60-61, o *Cabeza olmeca*, págs. 68-69.[4]

La consecuencialidad. Otra perspectiva desde la cual es posible aproximarse a la noción de tiempo en las obras plásticas es la de indagar las causas o efectos de los sucesos que en ellas representan. Surgen así textos motivados por interrogantes que de alguna manera ya se encuentran planteadas en las piezas. Ver: *La casa del sol*, págs. 58-59, o *Chac-Mool*, págs. 84-85.

ALREDEDOR DEL ESPACIO

El espacio como imagen visual. Leyendo poesía clásica china o japonesa escrita a partir de la captación sensible de un paisaje —que abarca sus componentes, sus matices, sus correspondencias— solemos experimentar un hondo éxtasis poético. Existe en ellas una supresión o merma de los incidentes en favor de la presencia sutil de las estaciones, la topografía, la flora, la fauna, consideradas a veces de un modo abstracto. Pensamos que *Atardecer en el estanque*, págs. 102-103, se inscribe en ese tipo de acercamiento.[5]

Espacios significativos. Cuando el lugar en el que transcurre la acción mostrada en una pieza posee valiosas connotaciones históricas se abre un nuevo camino para escribir con base en parámetros espaciales. Ver: *Megafauna*, págs. 98-99.

---

[4] Estos ejercicios toman al tiempo sólo en su acepción lineal. Otras exploraciones incluyen el tiempo simultáneo, el cíclico o recurrente, etcétera, o bien otorgan realce a la duración, el orden, la cronología o la frecuencia de la dimensión temporal.

[5] En este ejemplo podemos ver que, como comentábamos en el prólogo, la propuesta de escribir a partir de imágenes se puede aplicar no sólo en museos, sino también en talleres al aire libre, en los cuales la imagen que motiva el texto es el paisaje mismo —ya sea urbano o rural— y los elementos que lo conforman: habitantes, plantas, animales, objetos.

Recorriendo el espacio. También es posible acercarnos al espacio concebido como un concepto temporal. Por ejemplo, si el escenario en el que tiene lugar una situación representada en una obra plástica está dividido en partes muy definidas, podemos entrever un recorrido secuencial del espacio y estructurar un relato o un poema, fundado en revelaciones o sucesos ocurridos en cada uno de esos segmentos.

LOS TEMAS

> *Desechar lo superfluo es el primer grito de la poesía,*
> *el comienzo del predominio del sonido sobre la realidad,*
> *de la esencia sobre la existencia.*
>
> Joseph Brodsky[6]

Los lugares comunes. La propuesta de escribir tomando como base un tema no ha sido muy frecuente en el taller. Por una parte, la escritura fundada en temas abstractos y generales, o en los clásicos asuntos escolares, suele recluir a los alumnos en el territorio del tópico o lugar común. Se empobrece así tanto la vivencia de la escritura como el valor poético de los textos. El tópico, en suma, desalienta el amor por las palabras.

Por otro lado, cuando el tema de una imagen es demasiado explícito o unívoco —que no es el caso de las obras del México antiguo—, la experiencia de escribir a partir del mismo puede tornarse meramente reproductiva o demasiado condicionada, y el discurso resultante, carente de vigor.

Captar de modo profundo los significados de las obras plásticas es tarea compleja, ya que en ellas, como en los buenos cuentos, el tema es orgánico, es decir, abarca todos los componentes de la obra y no sólo algunos aspectos. Sin embargo, esta misma dificultad vuelve emocionante la empresa de salir en búsqueda, y es po-

[6] BRODSKY, Joseph, *La canción del péndulo*, Barcelona, Versal, 1988, p. 94.

sible ir encontrándolo a medida que escribimos, o sea, ir aproximándonos a la red de contenidos semánticos de la obra y, simultáneamente, generar un texto motivado por ellos.

Una alternativa: los temas paradójicos. Si sorteamos la estrechez y el tedio inherentes al lugar común, se abre un amplio espectro de temas que nos permite una reconciliación de la libertad con la exigencia, lo individual con lo social, lo concreto con lo abstracto, lo razonado con lo intuitivo. Uno de los casos en los que el tema constituye un desafío estimulante es aquel en que se ocupa de asuntos cifrados o contradictorios como, por ejemplo, el concepto de la muerte en Mesoamérica. Observando una máscara de la vida y de la muerte (pág. 25) que pertenece al Horizonte Preclásico del Altiplano de México, advertimos que la mitad del rostro muestra a un ser vivo y la otra mitad a una calavera. Se trata de una representación paradigmática de la dualidad vida-muerte, esencial a la cultura prehispánica; una muerte indisociable de la vida con la que forma una unidad de opuestos complementarios.

Otra de las oposiciones que conformaban una totalidad incluyente es la que reúne al hombre y al animal. Entre los tesoros arqueológicos que se conservan de las culturas mesoamericanas hay muchas piezas que representan a dioses o guerreros saliendo de las fauces de un animal, aludiendo quizás a concepciones mágico-religiosas, o al deseo de ver sumadas las potencialidades de ambas especies: Cocijo en las fauces de un jaguar, Quetzalcóatl en las de una serpiente, la diosa huasteca de la tierra en el pico de un ave.

Estas unidades dinámicas no sólo se expresan en las parejas hombre-animal, o vida-muerte, sino también en otras dualidades como la de los conceptos del bien y el mal. Leyendo un texto escrito por dos miembros del taller a partir de un Atlante (ver pág. 41) es posible deducir que lo bueno también puede acarrear consecuencias no deseadas y ser origen de desgracias.

Entre los diversos motivos paradójicos presentes en las piezas prehispánicas se halla el de la actitud frente a la anormalidad física. Mientras para nuestra mentalidad los seres contrahechos han sido siempre causa de pesadumbre, en el México antiguo, especialmente en la región occidental, fueron valorados como mensajeros de los dioses en la tierra, como seres privilegiados que podían interceder entre lo humano y lo divino. Ver: *Mujer deforme*, págs. 94-95.

Como cabe notar en estos ejemplos, en Mesoamérica floreció un sistema de valores complejo y, en muchos aspectos, inverso al de la civilización occidental; una estructura ética que contraviene el modo contemporáneo de ver las cosas. En algunos ejercicios, la llave que nos permitió tocar esas realidades tan distantes fue la paradoja, esa figura de pensamiento que sacude a la lógica pues aproxima dos ideas contrapuestas, aparentemente irreconciliables, pero que comprendidas en su acepción figurada tienen gran alcance y poder de sugestión.

Finalmente, es necesario destacar que esta índole de temas pone en juego nuestra inteligencia e imaginación y constituyen un saludable desafío para nuestras creencias, nuestra capacidad de tolerancia y, en un sentido profundo, para nuestra cultura.

DE ESTRUCTURAS PLÁSTICAS
A ESTRUCTURAS VERBALES[7]

Concepto de estructura. Consideramos como estructura al "modo en que se organizan las partes en el interior de un todo conforme a una disposición que las interrelaciona y las hace mutuamente solidarias. En otras palabras, la estructura es el armazón o esqueleto constituido por la red de relaciones que establecen las partes entre sí y con el todo".[8]

Ejercicios basados en las unidades estructurales. Comenzamos por identificar las partes que conforman una obra plástica, por observarlas, por comprender sus funciones y la manera en que integralmente la implican; independizamos así, por un momento, los elementos de la composición y descubrimos la forma en que participan en ella. Entre los componentes estructurales de las obras figurativas se encuentran algunas unidades semánticas, como las partes del cuerpo de los personajes representados (ver: *Ave marítima*, págs. 30-31), o la serie de acciones que éstos llevan a cabo (ver: *Autosacrificio*, págs. 74-75).

Ejercicios basados en las relaciones de las unidades entre sí y con el conjunto. En este caso, el punto de apoyo para la escritura se halla en las relaciones internas entre las unidades semánticas de una obra, como por ejemplo, el vínculo que establece una tejedora con un pájaro que se ha posado en su telar y que tal vez le sirve de modelo (ver págs. 80-81), o la conexión entre un dios y el elemento de la naturaleza al que simboliza (ver págs. 70-71).

[7] Como una muestra de otros acercamientos literarios a las obras expuestas en los museos, presentamos este tipo de ejercicios basados en las relaciones entre el lenguaje plástico y el verbal.
[8] BERISTÁIN, Helena, *Diccionario de Retórica y Poética*, Porrúa, México, 1994, p. 201.

REFLEXIÓN NECESARIA

Sería erróneo interpretar estos acercamientos como un universo cerrado y autosuficiente; ellos constituyen sólo algunas llaves que permiten establecer la conexión imagen-palabra dejando luego que el encuentro se desarrolle por sí mismo y sea favorecido por los estímulos que irradian las obras.

Más que de un método, puede hablarse de una senda elusiva que de pronto nos es familiar y que, un instante después, nos resulta virtualmente irreconocible. Es este aspecto inconcluso el que permite que la experiencia pueda llevar el nombre de creativa. Dice Paul Klee: "Cada vez que en mi labor creadora un acierto deja de pertenecer a la fase genética, de modo que llego casi a la meta, la intensidad se pierde rápidamente y tengo que buscar nuevos caminos. Éste es precisamente el camino productivo; esto es lo esencial; el devenir está por encima del ser."[9]

Vamos hacia la palabra poética, entonces, pero no con un programa estratificado, en pos de un solo designio o impulsados por una misma motivación. Concebimos lo poético como algo que está más allá de los sonidos o del silencio, como una vivencia enigmática —colmada y vacía a la vez— que se inserta en un flujo permanente de manifestación y desvanecimiento.

Lo que buscamos puede encontrarse en cualquier parte y siempre en proceso de ser. Qué escribir y cómo hacerlo no tienen una respuesta única. Las opciones se ramifican: muchos senderos nos aguardan.

[9] KLEE, Paul, *Diarios, 1898-1918*, Ediciones Era, México, 1970, p. 358.

APÉNDICE

FORMAS LITERARIAS

Como señaláramos en el prólogo, casi todos los ejercicios realizados en las salas del Museo fueron precedidos por un adiestramiento en figuras, estructuras y distintos tipos de composiciones poéticas o narrativas. Durante esa práctica introductoria nos dedicamos a experimentar con la arquitectura de los sonidos, la plasticidad de las ideas, las aptitudes de la imagen. Aunque la exploración en este terreno fue vasta, en el presente capítulo haremos un relevamiento sólo de aquellas expresiones que pueden ser ejemplificadas con los textos aquí recopilados.

FIGURAS

En el lenguaje literario es frecuente la utilización de figuras o voces cargadas de connotaciones que se apartan del empleo gramatical cotidiano en busca de un efecto de estilo (como conferir intensidad emotiva, reflexiva o estética al discurso), para lo cual se modifican o redistribuyen las palabras, o se introduce un pensamiento inesperado. Algunas figuras operan como un delicado sistema de vibraciones sonoras, otras, como portales hacia una apertura del sentido, hacia un territorio de fascinación donde el papel protagónico corresponde a lo oculto, al enigma, en concordancia con la extrañeza misma de la vida.

Tratando de lograr una comprensión vivencial de las figuras literarias, leímos a Gorostiza, Paz, Borges, Neruda, Lorca, Vallejo, Huidobro, etcétera, y luego realizamos prácticas de escritura básicamente lúdicas, nada académicas, en las cuales fuimos develando distintos aspectos y potencialidades del lenguaje figurado.

Esta ocupación resultó muy placentera para los integrantes del taller, ya que implicó un constante juego con los límites del lenguaje, una posibilidad de hacerlo transmitir algo diferente a las exigencias del uso.

Para comenzar con nuestro acercamiento a las figuras literarias escogimos la **comparación** —semejanza o diferencia entre dos ideas, personas o cosas— ya que resulta muy accesible, tiene la posibilidad de un desarrollo ilimitado y es capaz de producir efectos contundentes. Ver: *Autosacrificio*, pág. 75.

De allí pasamos a la **metáfora**, figura central de la poesía. La metáfora ha sido vista como una analogía, como una comparación abreviada y elíptica, como la traslación del sentido recto de una palabra a otro figurado, como una interacción semántica entre las expresiones que se combinan, y se basa en reconocer una relación de semejanza entre los significados de los términos en ella incluidos, no obstante que vincula aspectos visuales o existenciales de la realidad que habitualmente no están asociados entre sí. Ver, entre otros, *Ave marítima*, pág. 31.

La **prosopopeya** es un tipo de metáfora que otorga vida a lo insensible, razón a los animales, etcétera, y es muy cercana al pensamiento animista de los niños pequeños. Leer, por ejemplo, *Atlante*, pág. 41, y los ejercicios de personificación, pág. 108.

La **sinestesia** constituye otra clase de metáfora que nos permite relacionar sensaciones pertenecientes a distintos registros sensoriales, o bien asociar elementos que provienen de los sentidos corporales con sensaciones internas —mentales, psicológicas— y sentimientos. Es decir, mediante la sinestesia podemos describir una sensación física, emotiva o psíquica, con palabras con las que se presentaría una vivencia captada por otro sentido. Ver "una canción con aroma de flor" en *El colibrí*, pág. 63.

El **símbolo** es una figura que al igual que la metáfora opera por semejanza, pero que mantiene presente el significado real, e incorpora al mismo la idea que sugiere. Debido a su carácter repetitivo e insistente, al símbolo se lo suele definir como metáfora petrificada. Existen muchos símbolos que han perdurado a través de los siglos —entre ellos los que encarnan el pensamiento mágico-religioso de Mesoamérica— y siempre es posible crear nuevas imágenes simbólicas cargadas de vigor. Ver pág. 23.

La **metonimia** consiste en designar una cosa con el nombre de otra con la que guarda una relación de contigüidad espacial, temporal o causal, mientras que la **sinécdoque** es un tipo de metonimia que nos permite nombrar el todo a través de una parte o viceversa. Ver "colmillos" por "paquidermo" en *Megafauna*, pág. 99.

La **hipérbole**, o ponderación desmesurada de la realidad, subraya lo que expresa con la intención de rebasar lo verosímil, aumentando o disminuyendo su significado para crear otra dimensión de lo real: la realidad mítica, quimérica, maravillosa, irónica, etcétera. Ejemplo: *El olmeca*, pág. 69.

La **enumeración** resulta de enlistar expresiones que implican una serie de conjuntos o una serie de partes (aspectos, atributos, circunstancias, acciones, etcétera) de un todo. Leer *El mancebo de Tezcatlipoca*, pág. 49.

La **paradoja**, o la unión de dos ideas supuestamente antitéticas de las que surge un significado nuevo, es una figura que ya hemos comentado en la sección sobre el tema. Ver pág. 113.

Las **imágenes verbales**, con su posibilidad de representar vivamente una cosa a través del lenguaje, nos permiten otro tipo de acercamiento a las obras plásticas. Los poetas, igual que los pintores, trabajan con imágenes y a menudo su discurso se apoya más en ellas que en pensamientos estructurados en oraciones. Ver, entre otros, *Casas Grandes*, pág. 89, y *Atardecer en el estanque*, pág. 103.

La **imagen surrealista**, o "binomio fantástico", como la ha llamado Gianni Rodari,[1] resulta de la unión o choque de dos elementos pertenecientes a diferentes ámbitos, y tiene la capacidad de provocar efectos muy sugerentes. Cuando más distantes son los elementos entre sí, más encantador es el hechizo producido por su contacto. Ejemplo: "el pez vuela en la cama del viento" en *Olla trípode*, pág. 65.

La **anáfora** consiste en la repetición de una o varias palabras al inicio de una serie o de frases o versos, y es una figura que se ubica entre la sonoridad y el pensamiento ya que le otorga al texto un carácter rítmico y, al mismo tiempo, acentúa su coherencia sintáctica y su carga semántica. Ver: *Carita sonriente*, pág. 73.

Las figuras basadas en repeticiones sonoras son una muestra de la capacidad vibratoria del lenguaje y pueden dar pie a exquisitos hallazgos. Entre otras, se destacan las **aliteraciones**, con su repetición de uno o varios sonidos a lo largo de un enunciado ("Yo soy la X *m*ágica del *m*undo", en *El acróbata*, pág. 23), y las **asonancias**, o rimas parciales basadas sólo en la reiteración vocálica ("boca de mariposa", o "diadema de estrellas y cometas", en *Mujer galleta*, pág. 93). En el verso "soy capaz de arrullar un corazón

---

[1] RODARI, Gianni, *Gramática de la Fantasía. Introducción al arte de inventar historias*, Argos Vergara, Barcelona, 1983, pp. 22-25.

con una sola nota" (*Ocelote*, pág. 45), hallamos una combinación de ambas figuras donde la alternancia de los sonidos vocálicos acentuados, *a* y *o*, se resuelve finalmente por este último y pareciera convalidar el sentido del verso.

ALGUNOS TIPOS
DE COMPOSICIONES POÉTICAS

El encuentro con esculturas que representaban dioses zoomorfos o animales fantásticos despertó frecuentemente en los miembros del taller una actitud de respeto o asombro. Sobre esa clase de sentimientos se apoya la **invocación**, una composición verbal (o un fragmento de una composición) en la que el poeta se dirige a una deidad y le pide algo para sí o para los demás. Ver: *Guacamaya*, pág. 39.

La riqueza de las respuestas de los participantes ante los estímulos de las obras mesoamericanas los llevó en ciertas oportunidades a imaginar lamentos o remembranzas provenientes de los personajes mostrados en las piezas. Eso originó algunos poemas en tono de **elegía**, un tipo de composición que permite expresar sentimientos dolorosos. Ver: *El primer hombre de maíz*, pág. 79.

Entre las formas exploradas en el taller también se halla el **hipotalamio**, creado para celebrar una unión o casamiento reciente. En *Mascarita*, pág. 29, encontramos un ejemplo conciso y cargado de alusiones.

El trabajo con la **loa**, un poema dramático dedicado a enaltecer a un personaje ilustre o a conmemorar un acontecimiento solemne, dio por resultado textos como *El Señor de Palenque*, pág. 83.

Algunas formulaciones de pensamientos cercanas al **aforismo** (frase breve que resume un conocimiento esencial), o al **epigrama** (composición poética corta, precisa y aguda), produjeron versos como *Máscara de la vida y de la muerte*, pág. 25.

Crear **ideogramas** o caligramas —estructuras en las que la disposición, forma y tamaño de las letras sobre la página evocan algo a lo que se alude en los versos— constituyó una de las actividades más gozosas del taller. Ver: *La leyenda de la Luna*, pág. 55.

En lo que respecta a los subgéneros poéticos, predominaron los textos líricos, aunque también se ensayó el **poema narrativo**, composición en la que se relata un evento expresado usualmente a través de un crescendo. Ejemplo: *Mascarón*, pág. 35.

Finalmente, del poema narrativo al **cuento breve** sólo hay un paso, ya que en este último las características del relato se ven condensadas al máximo, y es, de todas las formas narrativas, la que más se acerca al ámbito de la poesía. En *La tejedora* (pág. 81) una mujer discurre sobre el ave que se ha posado en su telar empleando un ritmo y una cadencia propios del lenguaje poético:

"Yo chiflaba y atraía a un pájaro. Yo hablaba con él mientras lo bordaba. Cantaba con él mientras trabajaba. Pensaba como él. Yo sentía como él. Cometíamos casi los mismos errores."

LISTA DE LECTURAS
EMPLEADAS EN EL TALLER

ARGUEDAS, José María, selección y presentación, *Poesía quechua*, Ed. Universitaria, Buenos Aires, 1965, pp. 64-71.

BORGES, Jorge Luis; Ocampo, Silvina y Bioy Casares, Adolfo, *Antología de la literatura fantástica*, Sudamericana, Buenos Aires, 1967, pp. 25, 131, 149, 158, 165, 187, 200, 273 y 301.

BORGES, Jorge Luis, *Obras completas* (1923-1972), Emecé Editores, Buenos Aires, 1974, pp. 318-319, 607, 885-887, 959-960 y 1088-1091.

BORNEMANN, Elsa, *Poesía Infantil (Estudio y antología)*, Ed. Latina, Buenos Aires, 1980, pp. 27, 29, 34, 38-39 y 164-165.

————, *Antología del cuento infantil*, Ed. Latina, Buenos Aires, 1977, pp. 24-25 y 68-71.

CABEZAS GARCÍA, Antonio, selección, traducción y prólogo, *Jaikús inmortales*, Ediciones Hiperión, Madrid, 1983.

CALVINO, Italo, *Las cosmicómicas*, Minotauro, Buenos Aires, 1967, pp. 7-25.

CARROL, Lewis, *Alicia Anotada (Alicia en el país de las maravillas y A través del espejo)*, Akal Editor, Madrid, 1984, pp. 89-99.

GARCÍA LORCA, Federico, *Canciones y poemas para niños*, Labor, Barcelona, 1975, sexta edición, 1980.

GÓMEZ DE LA SERNA, Ramón, *Greguerías*, Ediciones Colihue, Buenos Aires, 1992.

GOROSTIZA, José, *Poesía*, FCE, México, 1982, pp. 31-32, 49, 58-60 y 65-71.

HUERTA, Efraín, *Antología poética*, Ed. del Gobierno del Estado de Guanajuato, México, 1977, pp. 153-166.

DE JUAN, Marcela, *Poesía china*, Alianza Editorial, col. El Libro de Bolsillo núm. 472, Madrid, 1973, pp. 39, 88, 103-115, 134, 136, 156, 158, 162, 163, 172, 173, 190 y 237.

JACOB, Esther, compiladora, *Versos de a montón (poemas latinoamericanos para niños)*, Terra Nova, México, 1983.

LEÓN-PORTILLA, Miguel, *Trece poetas del mundo azteca*, UNAM, Instituto de Investigaciones Históricas, tercera reimpresión, México, 1984, pp. 33-37, 49-53, 59-61 y 85-87.

————, *Literaturas indígenas de México*, FCE, México, 1992, pp. 89-90 y 149-151.

NERUDA, Pablo, *Odas elementales*, Seix Barral, Barcelona, 1977, pp. 19-21 y 50-55.

PACHECO, José Emilio, *Epigramas de la antología griega*, Ed. Verdehalago, col. Fósforos, México, 1994.

PARRA, Nicanor, *Sinfonía de Cuna*, CIDCLI y Consejo Nacional para la Cultura y las Artes, México, 1992.

PAZ, Octavio, *Poemas (1935-1975)*, Seix Barral, Barcelona, 1979, pp. 362-371.

PAZ, Octavio; CHUMACERO, Alí; PACHECO, José Emilio y ARIDJIS, Homero, selecciones y notas; PAZ, Octavio, prólogo, *Poesía en movimiento (México, 1915-1966)*, Siglo XXI Editores, México, 1977.

PELLEGRINI, Aldo, compilación y prólogo, *Antología de la poesía surrealista*, Ed. Argonauta, Buenos Aires, 1981.

PORCHIA, Antonio, *Voces*, México, Ed. Verdehalago, col. Fósforos, México, 1995.

SCHWOB, Marcel, *El libro de Monelle*, México, PREMIÀ Editora, col. La Nave de los Locos núm. 43, tercera edición, México, 1983, pp. 78-83.

SENDAK, Maurice, *Where the Wild Things Are*, Harper & Row Publishers, EE. UU., 1963.

SERRANO, Francisco, compilador, *La luciérnaga (Antología para niños de la poesía mexicana contemporánea)*, CIDCLI, México, 1995.

SODI, Demetrio, prólogo, selección y notas, *Textos mayas / Una antología general*, SEP/UNAM, México, 1982, pp. 38-39, 45-46, 70-71 y 109-121.

STEVENS, Wallace, *Trece modos de contemplar un mirlo*, Ed. Verdehalago, col. Fósforos, México, 1994.

TABLADA, José Juan, *Material de lectura*, Serie Poesía Moderna núm. 33, UNAM, Difusión Cultural, México, s/f.

THURBER, James, *Muchas lunas*, Ediciones de la Flor, Buenos Aires, 1983.

UNGERER, Tomi, *El sombrero*, Alfaguara, Madrid, 1978.

ZAID, Gabriel, compilación, notas y presentación, *Ómnibus de poesía mexicana*, Siglo XXI Editores, México, 1971, octava edición, 1980.

BIBLIOGRAFÍA

General

ALVARADO, Maite y GUIDO, Horacio, compiladores, *Incluso los niños (Apuntes para una estética de la infancia)*, La Marca Editora, Buenos Aires, 1993.

BOURNEUF, Roland y OUELLET, Réal, *La novela*, Ariel, Barcelona, 1989.

BRODSKY, Joseph, *La canción del péndulo*, Versal, Barcelona, 1988.

COLLOM, Jack, *Moving windows (Evaluating the Poetry Children Write)*, Teachers & Writers Collaborative, Nueva York, 1985.

DE LA CRUZ, San Juan, *Obras Completas*, "Noche oscura", BAC, Madrid, 1982.

HELD, Jaqueline, *Los niños y la literatura fantástica*, Paidós, Buenos Aires, 1981.

KLEE, Paul, *Diarios, 1898-1918*, Ediciones Era, México, 1970.

————, *Teoría del arte moderno*, "Credo del creador", Ed. Caldén, Buenos Aires, 1971.

LAO TSE, *Tao Te King*, México, PREMIÀ Editora, Col. La Nave de los Locos núm. 1, 1982.

PADGET, Ron, *Handbook of poetic forms*, Teachers & Writers Collaborative, Nueva York, 1989.

RODARI, Gianni, *Gramática de la fantasía. Introducción al arte de inventar historias,* Argos Vergara, Barcelona, 1983.

SELDEN, Raman, *La teoría literaria contemporánea*, Ariel, primera reimpresión, Barcelona, 1993.

SEFÉRIS, Giórgos, *K. P. Kaváfis, T.S. Eliot, El estilo griego*, FCE, México, 1988.

SHISHKOVA, T.N. y POPOK, J.C.L., *Estilística de la lengua española*, Instituto de Amistad México-CEI, México, 1992.

SIMON, John Oliver, *Un techo del tamaño del mundo*, Oakland Unified School District, California, 1987.

TSVETÁIEVA, Marina, *El poeta y el tiempo*, Anagrama, colección Argumentos núm. 106, Barcelona, 1990.

Antropología
Libros

BERNAL, Ignacio, *Museo Nacional de Antropología de México. Arqueología de México*, Miguel Aguilar Editor, México, 1967.

BRAMBILA, Rosa, *Teotihuacan*, México, GV Editores, cuarta edición, México, 1993.

COOK DE LEONARD, Carmen, *Cuentos prehispánicos (Las aventuras del sol y la luna)*, Editorial del Valle de México, México, 1979.

DÍAZ, Clara, *El Occidente de México*, GV Editores, México, 1987.

DE LA GARZA, Mercedes, *Palenque*, Porrúa, México, 1992.

GÓMEZ TAGLE, Silvia, *Museo Nacional de Antropología de México*, GV Editores, decimosegunda edición, México, 1994.

MORLEY, Sylvanus G., *The Ancient Maya*, Stanford, Stanford University Press, 1946 [tr. castellana de Adrián Recinos, *La civilización maya*, FCE, quinta reimpresión, México, 1985].

RAMÍREZ VÁZQUEZ, Pedro, *El Museo Nacional de Antropología*, Ed. Tláloc, México, 1968.

RECINOS, Adrián, introducción, notas y traducción, *Popol Vuh*, *(Las antiguas historias del Quiché)*, FCE, decimocuarta reimpresión, México, 1981.

WESTHEIM, Paul, *Escultura y cerámica del México antiguo*, Ediciones Era, México, 1991.

Revistas y catálogos

BÉISTEGUI, Dolores; FERNÁNDEZ, Miguel Ángel; LEÓN-PORTILLA, Miguel; LÓPEZ AUSTIN, Alfredo; MATOS MOCTEZUMA, Eduardo; ORTIZ LANZ, José Enrique; SOLÍS, Felipe, más un equipo de apoyo. *Dioses del México antiguo*, Colegio de San Ildelfonso, México, 1995.

DE LA FUENTE, Beatriz, "El espíritu detrás de la piedra", *Artes de México*, Ed. Artes de México y del Mundo, número 17, México, otoño 1992.

SOLÍS, Felipe; OCHOA C., Patricia; DÍAZ OYARZABAL, Clara L.; SODI MIRANDA, Federica; CARMONA MACÍAS, Martha; CASTRO LEAL, Marcia; CARDÓS DE MÉNDEZ, Amalia; NÁREZ, Jesús; BAUS, Carolyn y FLORES, Ma. Dolores, "Salas de Arqueología del Museo Nacional de Antropología de México", *Arqueología Mexicana*, vol. IV, núm. 24, Ed. Raíces, Instituto Nacional de Antropología e Historia, México.

SOLÍS, Felipe, "Labor de dioses y hombres", *Artes de México,* Ed. Artes de México y del Mundo, número 17, México, otoño 1992.

ÍNDICE

La X mágica de México / Talleres de creación literaria se terminó de imprimir en noviembre de 1999 en Impresora Apolo S.A. de C.V., Centeno 150, Col. Granjas Esmeralda, C.P. 09810, México, D.F. El cuidado de la edición estuvo a cargo de la Unidad de Publicaciones Educativas y de Altea.

LA X MÁGICA DE MÉXICO